U0058662

普天之下・盡是好書

普天出版家族
Popular Press Family

凌雲文創
A-Plus Creative Company

用幽默感表達你的觀感

Don't angry with the Pig

用**幽默**的方式
化解可能的衝突。

塞德娜 編著

心理學家威廉·詹姆斯曾說：「幽默雖然不是什麼特異功能，卻能輕鬆化解原來尷尬或對立的場面。」遇到不如己意的事情，要當場發脾氣很容易，困難的是克制自己的怒氣，用幽默的方式解決問題。幽默的話語不僅可以替自己解圍，同時也會突顯自己的胸懷與氣度。動不動就爆粗口，和別人發生衝突，不但顯露自己弱智、粗鄙，也會讓人際關係越來越糟糕，唯有用幽默的方式化解可能的衝突，才是令人稱讚的溝通高手。

•出版序•

用幽默感表達你的觀感

機智幽默當然不是與生俱來的，而是從生活中慢慢累積、慢慢學習得到的智慧，可以輕鬆擺平眼前的麻煩事。

心理學家威廉·詹姆斯曾說：「幽默雖然不是什麼特異功能，但是，卻能輕鬆化解原來尷尬或對立的場面。」

遇到不如己意的事情，要當場發脾氣很容易，困難的是克制自己的怒氣，用幽默的方式解決問題。

幽默的話語不僅可以替自己解圍，同時也會突顯自己的胸懷與氣度。動不動就爆粗口，和別人發生衝突，不但顯露自己弱智、粗鄙，也會讓人際關係越來越糟糕，唯有用幽默的方式化解可能的衝突，才是令人稱讚的溝通高手。

其實，在這個人際關係緊張對立的社會，懂得在適當的時機幽默一下，往往比較受人歡迎，因爲，幽默的人懂得用自嘲來化解原本僵峙對立的氣氛，幽默的人也懂得用「開自己的玩笑」來作爲別人和自己的下台階。

音樂會上，有一位著名的女聲樂家正引吭高歌，台下有一位女聽眾也用顫音跟著唱了起來。

「真像一頭母牛！」她的鄰座忿忿不平地說。

「誰？你這是在說我嗎？」那名女聽眾立即轉頭質問。

「哦！不，不是您，我是說，台上這位歌手干擾了您美妙的歌聲。」這名聽眾連忙改口說。

這名聽衆的反應還蠻快的，能隨機應變，自然聰明避開了人們的報復。說來，這不正是許多人最缺乏的解危能力嗎？

碰到類似的情況，別太情緒化，如果對方能聰明自省，並因而冷靜下來，麻煩自然解除。若不幸遇到像故事中的女聽眾，不但不覺得自己失態，更不知道自我反省，便得小心應對，因爲一旦處理不當，恐怕出糗的人不是只有她，還包括我們自己。

此外，之所以在人際相處上要如此用心，是因爲我們在日常生活中應對進退的習慣動作，常常與本身的工作相通。生活態度謹慎的人，在工作上自然也能得到較好成果。

「親愛的女士、先生們，接下來我們邀請到一位小提家來演奏。他曾在各種國際比賽中獲得不少大獎，現在，請你們以熱烈的掌聲歡迎他。」主持人對著觀眾們說。

這時，演奏家卻神情緊張地對主持人低語：「對不起，我不是小提琴家，我是個鋼琴家。」

主持人一聽，連忙又舉起麥克風：「女士、先生，很抱歉，小提琴家忘了把小提琴帶出來，因此他決定改為大家演奏鋼琴，相信這樣的機會更為難得，請大家再一次以熱烈的掌聲來歡迎他出場。」

主持人臨場應變，不僅遮掩住有關單位犯錯的糗事，更維持了原本希冀聆聽小提琴演奏的觀衆們的心情，甚至還以「難得」兩個字來拉抬現場氣氛，讓這場音樂會變得更具可看性。

從另一個角度來看，主持人的機智同樣緩和了鋼琴家窘迫的緊張情緒，讓音樂會能有個圓滿的結果。

弗列迪克曾經寫道：「懂得幽默的人，最有人緣。」因爲，沒有人會喜歡跟一個不苟言笑，凡事一板一眼的人朝夕相處，也沒有人會願意跟一個開不起玩笑，凡事正經八百的人一起生活，因此，如果你想擁有良好的人緣，培養適度的幽默感，就是你必修的第一門功課。

機智幽默當然不是與生俱來的，而是從生活中慢慢累積、慢慢學習得到的智慧。相同的幽默應變，讓兩則故事中的主角漂亮地排紛解難，不用發生任何爭執，

也不必發出抗議聲，便輕鬆擺平眼前的麻煩事，這正是我們每個人都應該努力學習的目標與境界。

想要發揮幽默感，當個風趣的人，就必須根據自己面臨的狀況，找個有趣的切入點，正如英國傳記作家斯末萊特所說的：「要根據各種狀況，仔細選擇最為可行的方法。有時候，你必須把手上的石頭丟掉，但是，有時候你又必須把石頭撿回來。」

機智幽默是人際應對不可或缺的智慧，尤其當自己出糗或遭到言語攻擊之時，適時發揮機智幽默，絕對可以扳回一城。

本書《用幽默感表達你的觀感》是作者舊作《先處理心情，再處理事情全集》的全新修訂版，謹此向讀者說明。

PART 1 要真心相對，不要針鋒相對

對人要少一點針對，生活要少一點歧視和算計，少一點針對性的玩笑，相信你的人際關係從此會變得精采富足。

PART 2

懂得幽默回敬，才算真正聰明

處世要能多元運用，待人接物也要能多變通，畢竟人是多樣的，面對不同的人，要有不同的對待方式。

PART 3 用鼓勵代替冷言冷語

把心放寬一些，學會用鼓勵的方式來振奮人心，而不要用指責或苛責的話來刺激對方，或者更能激發對方積極向上。

PART 4 難過的時候，為自己找個藉口

越難過的時候，越需要幽默，當彼此的關係惡化，不妨適時為自己也為別人找個藉口，緩和彼此心中的那些不滿情緒！

PART 5

愛說大話，小心自打嘴巴

不管是在什麼情況下，都要知道有幾分本事才說幾分話，不管是否為了因應壓力或機會需要，待人處世都應該要實實在在。

PART 6 不要讓自己的幽默太過火

輕鬆生活不代表可以隨性作為，幽默也不可過火，唯有能保有自己的真性誠心，才能期待良善社會環境的建立。

PART 7 別用情緒處理事情

幽默一點，別再用情緒解題，也別輕忽了態度的重要，因為這些都是人們評斷的重要依據，稍有偏差，便難得敬重與肯定。

PART 8

用幽默將生活的框架突破

不想受困於「有限」的生活空間，便得讓自己擁有「無限」的心境與思考智慧，讓自己幽默一點。

不要把機智用在掩飾錯誤

要找一個好的藉口理由來掩飾錯誤不難，但問題始終存在，終有一天總會揭開，我們也無可避免要面對。

PART 10

用幽默的態度看待惱人的小事

恩怨情仇皆是生活中的小事，想擁有一段幸福圓滿的人生，就該幽默以對，別再讓生活中的小事困住自己。

PART 11 不肯認錯，小心自食惡果

人非聖賢難免犯錯，只要勇於面對，最終人們只會記得你的勇氣與未來的成就，忘了那個曾經犯下的過錯。

PART 12

不管有沒有機會，都要幽默以對

別埋怨機會的優劣，只要盡全力表現，勤於變通思考，那麼看似平凡的機會，便有可能成為你跨入不凡機運的媒介。

01.

要真心相對，不要針鋒相對

對人要少一點針對，生活要少一點歧視和算計，少一點針對性的玩笑，相信你的人際關係從此會變得精采富足。

說聲「對不起」也是一種勇氣

人和人之間難免會起衝突，意見相左也是常有的事，然而在衝突過後，說聲「對不起」沒有這麼困難。

法官問阿卡斯德：「您是不是在電話裡罵了約翰先生？」

「是的！」阿卡斯德坦白承認。

法官又問：「既然你這麼誠實，那我給你兩個選擇，一是你親自向約翰道歉，二是到監獄蹲一個月，你要選擇哪一個？」

「我決定向他道歉。」阿卡斯德說。

就這樣此案了結，然後只等阿卡斯德的「道歉」了。

阿卡斯德當天晚上撥了電話給約翰：「您是約翰嗎？我是阿卡斯德！」

「嗯，什麼事？」約翰冷冷回應。

「是這樣的，今天早上我們兩個人激烈爭論之時，我曾叫您『去見鬼』！」阿卡斯德回答說。

「是。」約翰冷冷應了一聲。

「那，您就別去了！」阿卡斯德話一說完便掛斷電話了。

這個讓人忍不住大笑的道歉對話，還眞不是普通人想得出來的台詞。推敲阿卡斯德的心情，想必是在極不甘心的情況下撥這通電話的，撥了電話，卻還是說不出「對不起」這三個字，讓人不禁搖頭嘆息。

對照現實生活中的你我，是否也和約翰先生一樣，在非得用到「對不起」這三個字時，偏偏像是嘴裡含了顆珍珠般，怎麼也捨不得吐出口，然後任由時間推進，任由各方當事人的情緒燃燒，終而撕破了臉，從此變成了敵人。

如此情況，會不會太不值得了呢？

一如下面這個男子，如果在被人嘲笑之後，他能寬心化解，那麼相信他在這一年所擁有的東西會更多。

「大律師，如果有人罵我，說我像一頭犀牛，我能不能控告他？」律師事務所裡，一名男子問。

「當然可以，請問，他什麼時候罵你的呢？」律師問。

「什麼時候？大約一年多以前吧！」男子嘆了口氣說。

律師一聽，吃驚回應：「那你早該控告他啦！」

沒想到男子無奈卻表示：「我也想早一點告他啊，只不過我東奔西找，一直到昨天才看見犀牛是長啥模樣啊！」

因爲沒見過「犀牛」，所以不知道是否要告對方，之所以保留的原因，想必是因爲他不確定犀牛長相如何，如果這頭「犀牛」長得可愛迷人，或許這男子就不會告對方了吧！

只是，不管告或不告，男子一年來爲了親眼證實犀牛的長相，卻也浪費了大把

的時間和心力，爲了爭回那一口氣，這一年來恐怕失去了不少寶貴的東西。

走出故事裡的小世界，想想人與人之間的爭執，很多人往往只爲了一時情緒而與人爭得面紅耳赤，甚至非要得出一個你死我活的結局，眞的十分可笑。

再回到故事中，就算約翰去見鬼又如何，也許眞見到了鬼玩意，反挑起了探究的熱情，成就一番科學事業，不是也滿好的！

忘記昨天的爭戰情緒吧，忘記早上的鬥嘴畫面吧，既然氣都已經發過了，只要再一句「算了」，便能重返快意的生活。

其實，人和人之間難免會起衝突，意見相左也是常有的事，然而衝突過後，說聲「對不起」沒有這麼困難，願意放寬心「原諒」其實也很容易。

只要有心，面子並不是眞的那麼重要。又何必非得要爭得一口氣，或非得情緒化的爭回面子，才肯罷休呢？

心機越少，感情越好

做人應該誠懇實在，多點包容心，也多點體貼心，才能真正贏得對方的心，也才能讓我們隨手揮灑都得見「真智慧」。

人生的過程中，如果我們不想讓自己的心情隨著周遭的人事物起起伏伏，首先就必須讓自己幽默一點，如此，才能讓自己的心情永遠都是晴天。

牧師講道時，發現有個人正在打瞌睡，於是決定好好教訓他一下。

「各位，願意上天堂的請站起來。」牧師說。

只見台下觀眾席上，除了那個打瞌睡的人之外，其他人全都應聲起立。

「很好，請坐下。」牧師說。

等大家都坐下後，牧師又繼續問道：「那麼，有誰願意下地獄的，現在請站起來！」

牧師在提出這個問題時，故意將音量放大，那個打瞌睡的人這時也被驚醒了，茫茫然地站了起來。

其他人見狀，一個個全忍不住竊笑，至於那個打瞌睡的傢伙，這會兒似乎仍未清醒，睡眼惺忪地問牧師：「為什麼只有我和你站著啊？」

想教訓別人，未料卻被人反嘲回去，這結果想必連牧師也沒有料到吧！

再看這個打瞌睡的信徒，似醒非醒的回應，卻讓人覺得別具智慧。不論他行爲上的對錯，日常生活之中，很多時候，我們不也經常爲了與人較量，反被將了一軍，或偶爾想賣弄聰明，卻偏偏錯用聰明，倒成了傻瓜。

做人應該誠懇實在，多點包容心，也多點體貼心，才能眞正贏得對方的心，也才能讓我們隨手揮灑都得見「眞智慧」。

簡單來說，沒有眞智慧就不要隨便賣弄小聰明，不然就會落得像下面這則故事裡的學生一樣的下場。

有個大學生找到一間新的居所，為了留給房東太太一個好的印象，想出一個絕佳的開場白。

大學生一看見房東太太，便以極其感性的口吻說：「房東太太，我一定要告訴您，想我當時要搬出來的時候，那裡的房東太太可是哭著不讓我走呢！我……」

「放心，我絕不會讓那種事發生！」房東太太忽然打斷他的話，跟著補充說：「因為，在我這裡居住的所有房客，都必須先預繳半年的房租才行。」

大學生一聽，瞪大了眼睛說：「哪有人這樣的？」

「有，這樣才能確保我到時候不會對著你哭！」房東太太冷冷地說。

重回故事的開始，這位感性卻缺乏理性的大學生的確很有心，想以「感性訴求」拉近房東太太的心，卻沒想到弄巧成拙，反而讓房東太太誤解了其中涵意。其實，連絡感情的方式有很多種，太過刻意拉攏的動作大多讓人覺得虛假，無怪乎房

東太太的回應會如此「幽默」又冷淡。

和上一個例子一樣，心裡若少了一份「真」，傳教解惑多了點計較，與人溝通情感總另有所圖，恐怕只會讓人與人之間的距離漸漸加大。

信徒睡著了，何不多點耐心等待，或者是用心想點吸引人的花招來「驚醒」他，好成全傳教的「圓滿」才是，若是有心「耍弄」，害信徒丟臉尷尬，根本無助於信徒對信仰的忠誠。

相同的，想留給房東太太一個好印象的大學生，與其誇口和前一位房東情感有多深厚，不如從今天起，努力在生活中展現自己好相處的一面，讓房東太太真實感受到自己的好。

心機越少，感情越好；人際關係少一點真就不對味，多一點心機就要鬧別離。如果希望自己在人際溝通上能有好的成果，千萬別忘了用幽默傳達自己的「誠懇真心」與「容人之心」。

多說好話，就可以減少摩擦

想規勸他人，要少一點針對，也要少一點嚴苛的指責，最簡單的方式就是多站在對方角度去思考問題，多體貼對方的感受。

某神父最近觀察到一個情況，每當他傳道的時候，聽眾之中有好幾個總是會打瞌睡，有的人甚至還非常不禮貌地鼾聲大作。偏偏這些人在別的神父傳道時，卻一個個都能精神抖擻，凝神專注，甚至連眼睛都不曾眨一下。

有一回，這神父傳道完之後，忍不住滿腹疑問地走到一位剛醒來的信眾身邊問道：「為什麼你在我傳道時都會打瞌睡，在別的神父傳道時卻不會呢？」

這聽眾聽了，先是打了個哈欠，然後伸了伸懶腰，說出了理由：「原因很簡單啊！因為你傳道的時候，我們絲毫不會懷疑你說的話是否正確。但是，其他神父來

向我們傳道的時候，我們可就不敢有這樣的想法了，所以，我們不得不好好地監視他、盯住他。」

神父雖然心中仍有些困惑，但聽見信眾如此肯定自己，不覺有些飄飄然，對於信徒的話就毫不懷疑的接受了。

當神父開心的接受信徒的理由時，想必令不少人不禁莞爾，當然也必定讓不少人對這名信徒的機智回應深感佩服吧！

從另一個角度看，明明是聽講聽到打瞌睡，明明是這位神父演講不如別的神父精采，但信眾卻還能想一個如此漂亮的理由，體貼保護神父的面子問題，確實不是一般人能及的。

日常生活中不少人在待人應對時都習慣直接回應，總是忘了關照別人的想法與感受，忽略了要體貼他人的情緒，以致人際互動時增添了不少摩擦。

一如故事中的情況，要是不懂得轉彎，不懂體貼的人，想必答案會是：「因為你講得很無趣！」是不是呢？

若是雙方互有心結，見面對話總是針鋒相對，不見和氣，爭執便一觸及發好像下面這個例子。

有位美國牧師剛從英國訪問回來，正準備搭火車返回家鄉，當他一走進車站大廳，就碰上了他所屬教區的一位居民。

「拉姆先生，你怎麼在這裡？難道小鎮出了什麼事？」牧師擔心地問道。

「是的，牧師先生，發生了一件非常悲慘的事情。唉，就在你離開美國之後不久，一場龍捲風捲走了我的家。」拉姆哀怨地回答說。

牧師搖了搖頭說：「親愛的，我就知道！我一點也不覺得驚奇，拉姆，你還記得嗎？我早就警告過你了，你卻一點也不聽，依然故我，一味放縱自己，還偏執地用錯誤的態度生活，這真是惡有惡報，誰都無法迴避啊！」

拉姆聽了，很不以為然地說：「我說牧師先生，就我所知，那場龍捲風似乎也把你的家給捲走了！」

「喔，是嗎？」牧師聽了驚呼一聲，但旋即便冷靜下來：「阿門，想必上帝以

為我去了英國之後便再也不回家了！」

牧師的機智爲自己解了圍，但是恐怕很難圓融兩個人的關係了，當牧師不懂將心比心，體會拉姆受災的心情，還硬要把慘劇歸給因果，甚至在拉姆身心俱疲的時候大加斥責，顯然十分不通人情。

多數天災因果論總是因人的需要而強加附會，眞能套用在所謂的命理果報中的機率幾乎等於零。

想規勸他人，要少一點針對，也要少一點嚴苛的指責，最簡單的方式就是多站在對方角度去思考問題，一如第一則故事中的聽衆一般，多體貼對方的感受，然後順著這份體貼心去尋找對方較能接受的勸告。如此一來，才能眞正達到圓滿勸諫的目的，也才能多得一個肯聆聽自己意見的朋友。

多點正向思考，才不會時常求饒

多給自己一些正向思考。誡訓教的道理不是要我們壓抑，而是要能舉一反三，也能靈活運用，更重要的是選擇的方向要正確。

蘇聯作家愛倫堡曾經說過這麼一段話：「對一個人來說，日子過得快不快活，不在於他的家世、他的膚色、他的財富，或是他擁有什麼權力和地位，而是他用什麼心情面對自己的人生。」

其實，人生會有多少價值，完全在於自己如何經營，只要叮嚀自己隨時保持積極樂觀的心情，就能營造出美麗的人生。

神父演講完之後，起身對聽眾們說道：「聽好了，就我所知，現場好像有人正在與別人的妻子調情，那個人聽清楚了，如果你不把五塊美元放進這個籃子裡，等一會兒，我會當場公佈你的名字！」

籃子在祈禱人群中傳遞了一圈，最終回到神父的手中，只見神父翻了翻籃子裡的錢，卻見十九張五美元面額的鈔票，和一張夾附了一張字條的二塊美元，上面寫著：「請允許我三塊美元先欠著，請相信我，明天一定會帶來。」

非常有意思吧，其實神父是否眞的知道「外遇犯」是誰，一點也不重要，重要的是，「外遇犯」總還是逃不出「心虛」的手掌心，這麼一個小威嚇便逼得他們現出了原形，一一坦承過錯。

換個角度想，爲何人們在犯錯前不能三思後行，偏偏要等到木已成舟後，才讓自己過著心驚膽跳的日子，還要天天煩惱著醜事被揭發的時候呢？

請求神父一定要相信自己會把錢補足，不如請求自己別再犯錯。勇敢認錯承擔，或許要比擔心神父把醜事揭穿來得坦然自在吧！畢竟，錢封得了一時的缺口，卻補填不了越陷越深的洞口。

當多數人從誡訓中用心自省時，總有另一些人的心念始終只想著如何取巧投機，甚至是利用神聖的信仰來粉飾己過。

在某間教堂內，祭司正專注的逐條誦唸十誡。

當祭司唸到某條誡律之時，有個信徒忽然用手捂住了嘴巴，然後呆呆地望著天花板出神，幾分鐘之後，又看見他忽然用手猛地拍了自己的頭，臉上還出現恍然大悟的神情。

祭司看了不禁皺眉，心裡想著：「他搞什麼鬼？」

等到彌撒一結束，祭司立即把那個信徒叫來問話：「剛剛彌撒時，你為什麼要做那麼多些奇怪的表情和動作？」

沒想到這信徒竟大方的說：「喔，事情是這樣的。當祭司先生您說『絕不能偷盜』時，我忽然想起我有一個領帶夾不見了；接著當你說到『絕不能姦淫』時，嘿，終於讓我想起那個領帶夾被我忘在什麼地方啦！」

面對宗教，有些人眞的只是「拜心安」的，一如故事中的信徒，自省動作還未開始，就已分心轉移注意力，這一類人從不思考誡條所提示的教訓和自省，總是想著現實且取巧的事情。

這樣的人不管是非對錯，只要能讓自己不用負責，甚至還會鑽誡律的漏洞狡辯說：「他只說這個不能，沒說那個不行啊！」

行或不行，對或不對，答案其實早在你我的心中。

選擇偏斜的解釋，不是因爲教義沒說清楚，而是有心犯錯的人心裡早已計劃周全，要給自己一個犯錯的藉口，或給自己一個逃避的理由。

笑看故事，更應冷靜省思，時時請求原諒、請神救贖的人，不如多給自己一點微笑叮嚀，多給自己一些正向思考。

誡訓教的道理不是要我們壓抑，而是要能舉一反三，也能靈活運用，更重要的是選擇的方向要正確。

就好像故事中的信徒在那個情況下想起了遺失的領帶夾，我們該思考的，不是追憶遺落的地方，而是曾經做的事，到底對或不對啊！

要真心相對，不要針鋒相對

對人要少一點針對，生活要少一點歧視和算計，少一點針對性的玩笑，相信你的人際關係從此會變得精采富足。

傑克在路上遇到了一位行事作風非常矯情虛偽的神父，由於這神父外表長得十分抱歉，讓傑克忍不住想嘲諷他的長相。

這天他對著神父說：「神父啊！你天天讚美上帝，該不會是為了報答祂給了你如此英俊面貌？」傑克強忍著笑意說。

神父當然聽得出傑克的嘲諷，只見他頓了一下，然後高傲地說：「我知道自己長得不怎麼樣，不過，至少上帝賜給我的知識和你的頭髮一樣多！」

「喔！真是這樣嗎？」傑克聽了不禁冷笑一聲，隨即便見他伸手住頭，腦袋上

的毛髮就這麼被抓了下來。

「神父哪！我可是個禿子喔！」傑克大方展示他光禿的頭頂，然後大笑著離開。至於神父，則滿臉尷尬地站在原地，看上去十分氣惱。

生活之中，總有各式各樣的人，要說他們壞卻又不是太壞，要說他們好卻又似乎不是那麼和善，前者就像故事中的神父，後者則如傑克。

類似的針鋒相對，在你我身邊經常得見，或許我們也都曾經這麼做過。然而，那種類似玩笑式的互動，很多時候反而經常對人造成傷害。

也許傑克的最後一擊十分成功，但若是從人際互動上思考，喜歡或是不喜歡一個人總是因人而異，當社會潮流走向偏激的個人主義時，這種幽默可是一點也不可愛，也不值得學習。

用話傷人簡單，可是之後若想用好話縫合兩個人的關係，恐怕並不容易！

因爲，人與人之間的信任感與友善情意一點也不容易累積，有多少原本關係緊密的人心，到後來竟只是爲了一句無心話語而撕破碎裂？

對人要少一點針對，生活要少一點歧視和算計，如此一來，才能得到人們眞心相待，即使是關係很淺的兩個人，也要能眞心以對，不要心存算計，如此才能得到人們的甘心付出。

婚禮剛剛結束，新郎便開心地問牧師：「我需要付多少錢給您呢？」

「喔，這服務我們一般是不收費的。」牧師先是拒絕，但後面卻又補了這一段：「不過……如果你堅持的話，就依您妻子的美麗程度來付錢吧！」

新郎點了點頭，接著從口袋裡掏出了一張一塊美元舊鈔給牧師。牧師接過錢時，忽然轉身掀了新娘的面紗看了看，便把手伸進了自己的口袋裡，掏了一枚五十分，對著新郎說：「來，我得找你五十分。」

笑看神父最後的動作，卻也讓人輕嘆。其中描寫人性的虛僞和矛盾作爲十分深刻、眞實，現實生活中，像這一類的人經常可見。

明明說不收錢，卻偏偏補了一句「看誠意」；明明不想付錢，還硬是做了一個「心不甘，情不願」的掏錢動作，怎不可笑？

既然無心付出就不必勉強自己，不然只會讓自己多得一個難堪；如果那麼想要人們付出，就大方表明心中的欲意，別再矯情作態。能將心中眞意誠實地表現出來，反而更能得到人們的體諒。

不想人們猜測不中你心，不想讓人們誤解你情，還是多點「眞心」，多多表現你的「眞性情」；若是不想被人們有心傷害，若是不想生活中常見人們的敵意，那麼不妨少一點惡意的八卦，少一點針對性的玩笑，相信你的人際關係從此會變得精采富足。

貪圖利益，機會將跟著失去

當利益出現了，有多少人能拒絕貪婪，謹守本分不踰越？生活價值總在一念之間，一個人的生命價值，也常常取決於那一念之間。

現實生活當中，讓人抓狂的事情很多，如果凡事都要認眞計較，都要針鋒相對，只會讓自己形成巨大的心理重擔。相對的，只要懂得用幽默詼諧的方式面對，大多數煩惱就會在風趣的氛圍中往正面的方向發展。

猶太教的誡律十分嚴謹，其中有一條規定：「安息日絕不能摸錢！」

這天，有兩個猶太人走在街上時，其中一個人向朋友提問：「如果你在安息日那天，看到路邊有一個裝了一千個錢幣的錢袋，你會撿起它嗎？」

朋友一聽，連忙制止他：「噓，你小聲點啦！今天又不是安息日。你說的錢袋在哪兒啊？」

一說到錢，果然吸引人，不過是個「假如」，便讓人著急詢問錢的方位，雖然明知道安息日連錢字都不能提，但真要是有人送到眼前，相信沒有人敢保證自己不會「見錢眼開」吧！

要是遇到了這一類向「錢」看齊的人時，該怎麼應付呢？

其實，方法很多，這裡我們再請猶太人的經師拉比來和大家分享經驗。

有一年，當地一個富翁捐了一百盧布給經師運用，對拉比說：「我想請您幫忙，請好好利用這筆錢，好讓當地教區的各項建設能早點完成。」

不過，就在收到捐款的第二天，有間喪葬公司派了一個代表來找拉比。

那人對拉比說：「拉比大人，不如把那一百盧布用來整修教區的公墓吧！」

拉比聽了，卻沒有任何表示，只說：「這個建議不錯！」

代表見拉比沒有立即答應，連忙又說：「請聽我說，我們一定要把錢用在整修公墓上，不然，牲畜肯定要跑進公墓中，破壞損毀那些神聖的墓園啊！」

拉比一聽，揮了揮手說：「我知道啦！」

代表見拉比的態度較肯定了，臉上馬上堆滿了和氣的笑容，不過就在這個時候，拉比卻有意無意地喃喃著：「我真是不明白，怎麼牲畜這麼快就知道有人捐出一百盧布了呢？」

拉比嘴裡指的「牲畜」，其實正是那些貪圖這筆「捐款」的人們呀！

一說到「錢和利」，出現的醜惡人性，古今中外皆同，一個個無不細心撰寫篇篇為錢為利爭鬥的可笑競逐劇本，誇張的劇情往往超乎你我的想像，當然，更多時候，是讓人無限感慨且不勝唏噓的。

故事提供了一個思考的媒介，給人無限的省思。當利益出現了，有多少人能拒絕貪婪，又有多少人能謹守本分不踰越？

生活價值總在一念之間，一個人的生命價值，也常常取決於那一念之間，安息

之日的約束只是個考驗，但人們很多時候連幾秒時間都無法忍耐、克制，試想，我們又如何能期待他們成就什麼樣的功業？

一個人的成就常常是見微知著，看似微小沒什麼意思的動作，卻也常常突顯了我們對人生的態度與生活的堅持。

人生有很多選擇題，但這，些題目卻沒有公式可套，也沒有標準答案，雖然每個人可以選擇的答案都不同，但必須用更豁達的心胸面對。

你爲什麼而活，你用什麼角度看待你的人生？只要先認清你的生命態度，那麼，再顛簸的路，也會因爲你清楚自己的人生路而被鋪平。

別忘了，生活錯踏一步便很難重來，也許繼續前進還是有機會回頭，但是，再回頭重新開始，我們已經比別人浪費更多的人生時間呀！

時時懷著感恩的心

時時心懷感恩吧，能力有限無妨，無力以金錢支持也沒關係，與人相交，絕不能翻臉不認人，更不能無情對待。

世間沒有單純的幸福，也沒有單純的不幸，它們就像骨和肉一樣，相互連結在一起，也像是人生樂章當中相互交錯的旋律。

因此，對於讓自己感到苦惱煩憂的事情，與其想盡辦法逃避，不如以坦然的心情去面對，因爲苦惱之後接著就是快樂。

這天，神父一大早就來到牙醫診所求救：「醫生，我牙痛了一夜，麻煩你快點幫我處理！」

醫生看了看，對神父說：「放心，小問題馬上就能解決。」

醫師幫神父拔牙之後，還親切地對他說：「神父啊，復活節就快到了，這診療費我就不收了，就當作是我送給您的復活節禮物吧！」

神父一聽，卻說道：「好是好，不過……你可千萬不要對任何人說起這件事呀，因為，我怕其他的人會比照辦理。要是他們一個個都不送我禮物，全都說要來拔我嘴裡的牙，那我可怎麼辦啊？」

不管這位神父是單純可愛還是笨，看了這個笑話不禁讓人忍不住要笑他想太多了，只是換個角度思考，其中又似有另番寓意。

他的話語不正隱約向牙醫嘲諷人們的現實心？

包括牙醫在內的信徒，年年都得準備禮物，其中總不乏一些心意不夠眞誠的人，若不是爲了「神」，若不是害怕動作不夠確實，怕得不到神的關愛祝福，也許是邊準備邊埋怨著：「年年準備，都不見祂賜福給我！」

人心現實雖然正常，但過分現實，連丁點容納互助的心都沒有時，又怎能看得見生活中需要的正面力量？

就像下面這則笑話，當乞丐也害怕他人來搶地盤時，偏頗的價值觀確實也讓人擔憂。

橋下，有好幾個乞丐正在聊天，其中一個人說：「聽說最近米油大漲價，城裡的人一個個正埋怨發愁著。」

「我也聽說了這件事，唉，真可憐……」另一名乞丐說。

「嗯，我們比起他們還好過，既不用買米，也不用買油。」一名老乞丐說。

「是啊，是啊，我們也不必愁房租……實在是很幸福。」又一名乞丐說。

這時，其中一個一直沒說話的乞丐，忽然伸手捂住最後那個乞丐的嘴巴，然後斥喝說：「喂！你說話小聲一點好不好！要是讓城裡的人們聽見，大家都想來當乞丐了。」

從城裡人手中得到幫助的乞丐，最終還是只想到自己，他們不想如何感恩圖報，卻煩惱著那些曾經伸手幫助的人會來搶他們的飯碗。類似的情況，在你我身邊其實也很常見。

當別人在我們最困難的時候無悔幫忙，但最終不少人給的回報卻是背叛。

有人說人心原本現實，有人說人性原本黑暗，但是，我們為什麼不多取正向的思考？

每個人總會有需要幫忙的時候，今天或許可以獨自解決，但不代表我們永遠不會遇到需要別人幫助的時候。

時時心懷感恩吧，能力有限無妨，無力以金錢支持也沒關係，與人相交，絕不能翻臉不認人，更不能無情對待。

即使糧食不多，但只要能誠心與人分享一口飯，總有一天，無論是自己或他人乾坤逆轉時，人們總不會忘記與你同甘共苦的那些日子。

與其應付交代，不如真心關懷

幫助別人，若不是出自於真心，還是別勉強去做，社會之中真正需要幫助的人，其實需要的是更多金錢無法取代的愛與關懷。

當你準備處理事情之前，千萬別忘了先處理自己的心情。

隨時抱著樂觀的心情，珍惜目前所擁有的人、事、物，只有懂得珍惜當下，生命才能減少懊悔和遺憾。

牧師演說得非常賣力，費盡唇舌教育人們要有愛心，要懂得「樂善好施」。

但是，這一場教育演講下來，認真聽講而且消化吸收的人似乎不多，因為當捐款箱傳回到他的手上時，小小的箱子內竟然僅薄薄地鋪上一層銅幣，銅幣之間還能

看見箱底呢！

於是，他再次上台對信眾說：「親愛的兄弟姊妹們，我想起剛剛走進教堂前，在廣場上，我看見停車場上停滿了豪華的轎車，心裡還想著：『天啊，窮人到哪裡去了？』現在，我看了捐獻箱，心中卻充滿困惑：『這是怎麼一回事？有錢人都跑到哪裡去了呢？』」

窮人和富翁的定義，原本就有不同的標準，又何必像故事中的牧師，為了捐款多寡而出言嘲諷呢？

我們總說財窮心富，才算得上眞正的富有；反之，錢多心窮的人，即便金銀層層堆起，一樣不過是個貧窮可憐之人。

捐獻容易，但心中眞存仁愛的人卻不多。

曾經有人提出這麼一個觀感：「要現代人選擇幫助別人時，我們發現，多數人對於出力這件事都有些爲難，但若說到出錢，他們總會拍胸脯保證沒問題。」

給錢當然容易了，但很多時候需要幫忙的人，眞正需要的不是錢，而是你我親自伸手幫忙啊！

不必計較箱底銀兩的多寡，而是該好好省思，當我們付出的時候，心裡出現的是實實在在的「眞心關懷」，還是別有期望的「應付交代」？

我們常在街上看到許多身穿制服的神職人員，手捧功德箱，卻不見他們把時間好好利用去助人。很多時候，與其把錢投入箱子中「補功德」，不如轉身把錢贈予身邊的獨居老人，溫暖的告訴他「去買點你想吃的東西吧」來得實際。

好比有個信天主教的女孩向一位老人募款時，那老人家的反應就頗具啓發。

女孩看見前方這位和藹可親的老先生時，連忙上前說：「先生，請您捐一塊錢給上帝吧！」

「咦？女孩，妳幾歲呢？」老先生莫名其妙問起她的年紀。

女孩輕聲地說：「我十六歲。」

老先生聽後點頭說：「真是年輕，想我都已經活到了七十歲囉！放心，我一定會比妳先見到上帝的，到那時候我會親自把這一塊錢交給祂的！」

老先生說完話後便繼續前進，獨留女孩站在那兒仍想不通：「他要怎麼把錢交給上帝呢？」

錢有許多分享的方式，何必非得捐給「上帝」？若是上帝天上眞有知，或許祂寧可我們把捐去修補教堂的錢，一塊不漏地全用在有需要的萬物衆生身上。

慈善工作以「分享愛」爲業，金錢分享應是其次，但現代社會卻常把錢視爲第一要件，心中是否有愛，又是否願意分享愛，常常被人們忽略，甚至完全遺忘，一心只想著怎麼支配募得的「款項」。

簡單來說，幫助別人，若不是出自於眞心，還是別勉強去做，更何況社會之中眞正需要幫助的人，其實需要的是更多金錢無法取代的愛與關懷。

02.

懂得幽默回敬，才算真正聰明

處世要能多元運用，待人接物也要能多變通，畢竟人是多樣的，面對不同的人，要有不同的對待方式。

身段柔軟並不丟臉

幽默地承認自己的錯誤吧！低頭道歉並不丟臉，身段越柔軟，我們越能擁有和諧的人際交流與合作關係。

在某個法庭上，法官詢問被告說：「你不但偷錢，還拿了人家的手錶、戒指和珍珠項鍊嗎？」

被告相當冷靜地點頭回答說：「是的，法官大人，因為人們經常這麼對我說：『光是有錢並不會得到幸福的。』」

的確，不是有錢就能買到幸福，換句話說，我們可以這麼譏諷小偷：「真正的幸福是偷不到手的。」

犯了錯就是犯了錯，理由再充裕、藉口再多也無法掩飾，更何況眼前呈現的是不爭的事實，應負的責任更避免不了，就像下面這一則故事一樣。

有一天，田裡忽然出現一隻很兇猛的狗，朝著一名農夫直撲過去。農夫見狀，隨手舉起手中的叉子回擊，沒想到惡犬竟一頭叉了進去，鮮血直流，不一會兒便死去了。

後來，狗主人知道狗是農夫殺的，便提出告訴，要法院還自己一個公道。

「法官大人，他叉死了我的狗，您一定要重判他！」狗主人氣憤地說。

法官看著被告，問道：「你為什麼不把叉子倒過來呢？如果你能用沒有鋸齒的那一頭來回擊，不就沒有事了？」

農夫滿臉無奈地說：「法官大人，如果當時那隻狗是倒著向我撲過來的話，我一定會那樣做。」

從這則幽默故事中，你看見了什麼道理？

無論自己抱持的理由多麼正當，在處理事情時，我們始終得就事論事，不能感情用事。

換句話說，在處理人和事時，絕不能將不同的事物混為一談，否則很容易偏離問題的核心。

法官問勃拉溫：「先生，你是不是經常對著自己養的狗叫喊『施密特』？甚至還經常對著狗說『喂！施密特，你這個大壞蛋』？你知道嗎？這種行為，很明顯地侮辱了你的鄰居施密特先生。」

沒想到勃拉溫卻抗議道：「法官大人，您誤會了，我這樣做，其實是想羞辱一下我的狗。」

勃拉溫提出的理由，其中滿滿的情緒化回應，直接證實了他確實有心譏諷鄰居。又像農夫以叉子殺死惡犬的情況一樣，雖說是爲了自衛，但終究殺死了狗。既然有錯在先，自當負起責任，不要一味強辯。

延伸這些故事的寓意，便是要告訴我們，凡事要能勇於認錯，無論當時的背景情況如何，也不管當下有多麼強而有力的理由，結果是錯的，就不必多找藉口，先承認自身有錯在先最重要。

就好比第二則故事中的農夫，如果他能在第一時間承認：「是的，我殺了您的狗，請原諒我。」也許，對方會因爲誠懇的態度而選擇原諒，願意理解並包容農夫一時慌亂失手的結果。

眼前，你有難解的人際問題嗎？

何不反求諸己，仔細想一想是否自己有錯在先，再試著鼓勵自己勇於承擔錯誤？幽默地承認自己的錯誤吧！低頭道歉並不丟臉，身段越柔軟，我們越能擁有和諧的人際交流與合作關係。

多用微笑，應對進退更美妙

幽默的人比較受歡迎，無論在什麼環境中，我們無時無刻都會與人接觸，而這些人會是阻礙還是助力，端看我們怎麼面對，又是怎麼看待。

走在人生路上，懂得幽默的人，總是可以巧妙戰勝一切困境。

愛看偵探劇的漢克，很喜歡緊盯著表演內容，猜測誰才是真正的兇手，不管是演員們的台詞，還是戲劇進行時的可能伏筆，他都會極其用心且細心地記下並思考。

這天，他跑去看一齣名叫〈街角謀殺案〉的偵探劇。服務生引著他到座位上時，台上的戲正巧開演。

這時，已經準備投入觀戲的漢克，卻聽見服務生問：「先生，您對這個座位滿意嗎？」

「滿意，謝謝！」漢克匆匆回應。

「好，那讓我把您的帽子送到衣帽間吧？」服務生說。

「不用，謝謝！」漢克不耐煩地揮揮手，示意要他離開。

但不知道為什麼，那服務生似乎不明白漢克的意思，緊接著又小聲地問道：「需要節目單嗎？」

「不！謝謝！」漢克壓抑著情緒回應。

「這裡有送劇照！」服務生拿出劇照給漢克。

「謝謝！」漢克接過後，禮貌地回應。

「要不要望遠鏡？」服務生問。

「不！」簡短的回應，顯見漢克的情緒已一觸即發。

但這服務生完全感受不到，只見他一會問漢克要不要餅乾，一會又問他要不要喝香檳。

劇情漸進高潮，漢克被這服務生搞得完全無法專注觀戲，於是又氣又急地回了一句：「什麼都不用了，你快給我滾！」

殊不知這服務生原來是在等待小費，當他發現漢克根本不想給後，當即想出報復方法，只見他伸手指向舞台中央，然後在漢克耳邊恨恨地說：「凶手就是園丁！」

如此情緒化、毫無幽默感的回應，你覺得好嗎？

爲了拿到小費，讓服務生失去專業素養，這其中影響到的不只是他個人，還包括了對公司劇院形象的傷害。

身爲服務生卻惡狠狠地剝奪了客人的推理樂趣，相信沒有人會給這樣的服務肯定的聲音，畢竟服務業本該以客爲尊，過份的情緒表現只會讓人看見從業者的不適任，以及修養不足。

也許有人會覺得，服務生的出發點只在爭取自己的權利，並沒有錯，但方法有很多種，聰明的人可以有更聰明的選擇，以及幽默的做法，好比下面這位空姐的表現。

從紐約飛往日內瓦的班機上，有個男子不斷地戲弄、騷擾一名女空服員。

儘管其他人都認為錯在那名乘客，但這名女空服員仍然很敬業且專業地服務，甚至非常耐心地回覆他一再提出的無理要求。

突然，這名旅客對著她咆哮起來：「妳是我所見過的空服員中，理解力最差的一個。」

女空服員聽了，一點也不生氣，帶著微笑說：「謝謝批評，請相信我，您是我所遇見的乘客中，最可愛的一位。」

女空服員說完之後，正準備離開，忽然轉頭送給男子一個很甜的微笑，跟著補充了這麼一句：「不過，也有可能我們都弄錯了。」

不必怒顏以對，不必惡言出口，微笑地反問回應，也幽默地引導反思，極其漂亮地爲自己爭回面子與尊重，不是更好嗎？

服務業原本就是以客爲尊，但人原本就多元且不同，所以聰明的服務者不會只套用一種公式，而會靈活地視當下情況變通，以爭得最好的口碑。

幽默的人心較受歡迎，不管是服務工作也好，或著是在其他崗位上，都應該懷抱幽默的工作態度，因為無論在什麼環境中，我們無時無刻都會與人接觸，而這些人會是阻礙還是助力，端看我們怎麼面對，又是怎麼看待。

工作環境是修煉自己的最佳場所，在工作場合中來來去去的人都會是我們的對手，但也都會是你我的貴人，能讓我們體驗多元的人與事。所以，面對各式麻煩的人事時，應該先學會幽默的智慧，再微笑應對或應付，然後慢慢地，你會發現，原來顧客或老闆、同事，就像一群大孩子，一點也不難哄騙。

現在，讓我們一起感受幽默的趣味與魅力。

適度諷刺不肯付出的人

對於那些不肯付出只知坐享其成的人，我們要逼著他們改正錯誤的生活態度，不應該一味地施予。

某處村莊，有很多懶惰的流浪漢常在街上乞討，他們不打理自己，也不工作賺錢，總是厚著臉皮伸手向人強索東西，百般無賴地向人追討。若是人們不給，他們便不放手讓對方離開，即使罵他們打他們，他們也一點都不在乎。

其中有個乞丐一天到晚到朱哈家光顧，這天，他又來敲門，朱哈走了出來，一看見又是那個流浪漢，不禁板起面孔，冷冷地問道：「你來幹什麼？」

看見朱哈的冷眼，流浪漢忽然臉色一變，以非常嚴肅正經的口氣說：「我是真主的客人。」

「原來是真主的客人，請跟我來。」朱哈說完，便要流浪漢跟著他走。

兩個人就這麼一直走到附近的一間清真寺門口，接著，朱哈轉身對著流浪漢說：「真主的貴客啊！這裡才是真主的家。」

好逸惡勞的人鮮少懂得自制自律，就算來到眞主面前，到底有多少人能眞正醒悟，又是另一個疑問。

其實，人們之所以走上歧路，多是因爲不肯付出辛勞，不願用自己的勞力換取所得。朱哈的舉動雖然表達了嘲諷，可是看著犯罪率居高不下也不是辦法，我們應該想個更積極的對策來解決問題。

據說曾有某個地方的犯罪率一夕之間劇減，這個情況讓不少人感到好奇，各界在仔細探究之後，終於查出原因。

原來，當地的監獄貼出了這樣一則公告：「舉凡因為犯罪或有犯罪嫌疑而送入本處所者，從今日開始，食宿費用一律自行負擔。」

看到這則公告，你是否會忍不住鼓掌叫好？

曾經聽過這麼一則笑話：有個中年男子到某間便利商店偷東西，但是他和一般竊賊不同，拿了東西之後沒有立刻逃跑，反而坐下來，慢慢地把東西吃完，安靜地等著警察出現。

警察看見他後，第一句話竟是：「怎麼又是你啊？」

原來，不肯用心找工作的中年男子，認爲獄所裡有住有吃，吃不了苦的他爲了再過「好日子」，便再度犯罪。

將這則笑話與前段事例相連結，似乎找到了一個可行的犯罪防治法。

權利義務要平均分擔，對於那些不肯付出只知坐享其成的人，要逼著他們改正錯誤的生活態度。

我們不應該一味地施予，而要杜絕乞者的貪婪索討，然後更進一步建立他們積極生活的能力與自信。

再多掩飾也無法取代真實

面對生活、工作，不論有再多的包裝遮掩或偽裝修飾，我們最後還是要面對真實的自己。

「在正式上台表演時，請您一定要準備真的珍珠項鍊讓我配戴。」女演員非常堅持地說。

導演聽後，聳了聳肩膀道：「那好吧！今天這場戲中所有的道具我們全換成真的好了，第一幕的珍珠項鍊是真的，街道上的樹也用真的，椅子當然也會是真的……哦！當然最後一幕，你們要吞服的毒藥也會換真的！」

表演者爲了能更貼近觀衆、說服觀衆，總是力求逼眞，無論是服裝、背景或是劇情設計，無不竭盡所能地將之眞實呈現。

一般來說，演員們要求的「眞」，是像下面這個例子。

有一天，導演相當興奮地對德隆先生說：「德隆先生，你扮演的傷兵角色真是維妙維肖啊！特別是臉上流露出的痛苦表情，實在太逼真了，你的確是個非常專業的表演者。」

沒想到德隆先生竟說：「當然逼真了，因為在演出前，我預先在鞋底放了一枚圖釘啊！」

導演一聽張大了雙眼，臉上滿是佩服的神情，接著不忘提醒他：「原來如此！你真不愧是位專業的演員，不過再來要拍攝奔逃的那一幕戲，你可千萬要記得把那玩意兒丟掉。」

一個是要求「眞實的治裝」，另一個是要求「逼眞的演技」，兩名演員的目的都一樣，同時對於「專業」的認知也一樣有所不足。

這就像報上曾經報導的，一位女作家爲了能將援交女孩們的感受和生活情況眞實呈現，竟親自披掛上陣，親身體驗援交的生活。這理由看似合理，可是眞有必要如此嗎？

正如第一則故事中女演員提出的要求，許多人總是想盡辦法給自己一個理由，用來強化「犯錯」的藉口，然而再好的藉口也會出現破綻，畢竟「錯」並不會因爲包裝精緻而變成「對」。

換個角度想，當女演員脫下「珍珠」，當德隆丟掉「圖釘」，當女作家回歸正常生活後，眼前的眞眞假假，對他們來說，不也成了「遺憾」和「空虛」的同義詞嗎？

無論是想借題發揮，還是藉物寄託，我們最終還是要誠誠實實地面對自己，所以在導演幽默地提醒德隆要拿出圖釘時，我們也讀到了其中的告誡：「戲劇只是一種生活或生命的仿製，並不可能完全取代真實的人生，面對生活、工作，不論有再多的包裝遮掩或偽裝修飾，最後還是要面對真實的自己。」

懂得幽默回敬，才算真正聰明

處世要能多元運用，待人接物也要能多變通，畢竟人是多樣的，面對不同的人，要有不同的對待方式。

德國有句諺語：「蠢蛋雖然愚蠢，但還有比他們更蠢的人，那就是為他們的愚蠢抓狂。」

確實，只有愚蠢的人，才會爲了那些不值得生氣的豬頭發怒、抓狂；眞正聰明的人，根本不會浪費時間、精力和豬頭斤斤計較，而是會適時發揮幽默感表達自己的觀感。

在好萊塢的某座片廠內，一名女明星和導演大吵了起來。

只見女明星歇斯底里地對著導演大吼大叫：「你處處都在針對我，我知道你討厭我，恨不得我趕快去死，然後好對著我的墳墓吐口水，對吧？」

「放心，我沒那閒工夫去排隊。」導演冷冷地回答。

這名導演漂亮地反唇相譏，幽默且犀利，譏諷得女明星無話可回。

遇到強勢又無理的人，常有人選擇沉默離開，或許這是避免無謂爭吵的唯一辦法，但是，碰上那些會順勢軟土深掘、得寸進尺的人時，唯有用幽默的方式適度反擊，才不致於使自己成爲一再被欺壓的目標。

在英國，人們聽見喬治·傑佛里斯的名字，無不露出厭惡的神情，因為他經常對犯人做出慘無人道的判決，讓許多人深感不滿。

這天，他怒目對著一名犯人，並以手杖指著他說：「你這傢伙！要知道，我的手杖指的一頭，必定是個惡棍。」

沒想到犯人竟揚起了下巴，直直地盯著傑佛里斯的眼睛說：「大人，請問您指

的到底是哪一頭啊？」

你認爲是哪一頭呢？

我們常說惡人無膽，是因爲他們一遇到比自己更兇狠的人，便逃得比誰都快。所以，碰上有心機的人，我們其實不必太擔心遭人計算，因爲無論怎麼算計，還是會出現遺漏與盲點。若想給對方一個教訓，只要耐心尋找，必能找出其中死穴，伺機反將一軍。

也許有人會質疑，處理現實生活中的這些麻煩時，沒必要凡事硬碰硬。確實，我們當然可以避免，只要你看得開，而且懂得一笑置之。

若心中感覺到不滿、憤怒，適度反駁回擊其實並不爲過，因爲確實會有人是吃硬不吃軟，不適時回敬，便認定你是個好欺負的人而得寸進尺。

聰明如你，一定知道處世要能多元運用，待人接物也要能多變通，畢竟人是多樣的。面對不同的人，我們要有不同的對待方式，唯一要遵循的宗旨，就是幽默的態度。

幽默將兩性距離更拉進

聰明幽默地活用生活之道，你我想要的幸福家庭，你我渴求的幸福伴侶，一定能時刻陪在身邊。

男人害怕女人嘮叨，女人苦惱男人不體貼，各有各的擔心，也各有各的煩惱不滿。然而，仔細思考其中存在的問題，不過是不懂得爲對方著想罷了。

男人想要女人不嘮叨，只需要多付出一點體貼的關心，至於女人們，若想男人多一點體貼，該試著少開口，沉默地給他一個深情的眼神，想要的溫柔回應必然轉眼可得。

哈利夫婦正在河邊釣魚，由於哈利夫人不會釣魚，只好坐在一旁，不斷地對著

先生說話。不久，哈利先生釣起了一尾魚，在此同時卻聽見哈利太太這麼說：「唉，這魚真可憐！」

哈利先生聽了，翻了翻白眼，無奈地對著魚兒說：「是啊！要是你肯閉嘴，那就沒事了。」

聽了哈利先生的幽默回應，不知讓你得到什麼樣的啓發？

在這個帶黑色幽默的回應中，我們看見了夫妻之間常見的相處問題——缺乏對彼此的體貼心意，造成了埋怨、不滿。

不妨再看看下面這個例子，然後繼續思考，必定更能明白問題所在。

有天，妻子對丈夫說：「親愛的，聽說男人禿頭，是因為用腦過度，你覺得是這樣子的嗎？」

男人點了點頭，回答說：「當然是呀！妳想想，女人為什麼不長鬍子呢？正是因為女人們整天喋喋不休，讓下巴運動過度的緣故！」

男人總說女人嘮叨，也害怕女人嘮叨；女人總說男人冷漠，更擔心遭男人冷漠對待。看似全是別人的錯，實則問題根源出在自己的身上。

例如哈利先生的故事，知道妻子不會釣魚，丈夫若懂得體貼，便應當詢問對方的需要，爲她安排適宜的休閒活動，那麼妻子的嘮叨自然停歇，兩個人之間也自然會因爲多了一份體貼心意，而更見感情增益。

同樣的，女人若期望男人熱情回應，也要知道男人喜歡與不喜歡的事，就喜歡的事多給予支持鼓勵，並減少他們不喜歡的情況。體貼地明白丈夫的心中盼望，聰慧地扮演好另一半的角色，他們自然會懂得回饋以熱情與疼惜。

其實，兩個人相處的道理並不深，我們常聽見的，總是那幾個簡單道理。只要能聰明幽默地活用生活之道，你我想要的幸福家庭，你我渴求的幸福伴侶，一定能時刻陪在身邊。

不要讓真話變成傷心話

別忘了培養一顆包容與關懷的心，只要習慣了相互尊重，即便迷糊、酒醉，脫口而出的真心話也會是美麗的讚美。

「親愛的，你幫我想一想，我這次化妝舞會要怎麼打扮，才不會被人發現，你覺得是戴面具好呢？還是戴面紗就好？」蘇菲問道。

馬丁說：「親愛的，不用那麼麻煩啦！妳只要不戴假髮，不化妝，不畫眉……就沒人能認得出妳啦！」

談及夫妻相處之道，各方人士總有說不完的方法、技巧，只是，若要人們直接參與調解，大多數人常會面露難色，畢竟這世間最難解的便是夫妻問題。

譬如，有些讓旁人感覺傷和氣的鬥嘴動作，事實上卻可能是他們培養感情的方式，而看似感情和睦的兩個人，也許關起門總是吵翻天。

看著老公冷言嘲諷，或許老婆大人早氣得面紅耳赤，但日常生活中，像這樣關起門的玩笑話其實很平常，與其四處投訴枕邊人的嘴壞，親愛的老公老婆們不妨一笑置之；與其相信對方充滿惡意，徒讓自己煩悶不悅，不如學會輕鬆看待，或者更能讓兩個人多一些甜蜜逗笑的時光。

人與人之間的相處也是如此，不把人心偏執於惡的一面，不把身邊的另一半視爲眼中釘，如此，再難相處的人也能成爲你我的良朋益友。人的心念很重要，只要不抱持否定態度，心裡自然會充滿美善。

反之，心裡潛藏著的若是否定態度，那麼我們便會時時在不經意間說出心中「眞話」，並帶出一句又一句「傷心話」，好像下面這個故事。

馬莎的老公是個大酒鬼，幾乎天天都是醉醺醺地回到家中，然後再一路跌跌撞撞地走進臥房中。

「這死鬼！」這天，馬莎又被老公吵醒了，氣得連聲咒罵。

轉念一想，她決定給老公一個教訓，那就是：「裝鬼嚇一嚇他！」

萬聖節這天，馬莎找來一件魔鬼穿的衣服，然後躲在老公必經的路途上，心想：「把你嚇破膽，看你以後還敢不敢喝酒。」

「喂！」當她老公出現時，她立即從樹後跳了出來，並舉起長叉指向他。

然而，她老公根本沒被嚇到，反而輕鬆地招呼著：「嗨，你是誰啊？」

馬莎壓低了聲音說：「我是魔鬼！」

沒想到聽到這一句話，馬莎老公竟開心地說：「喔，原來是魔鬼啊！來來來，快跟我一塊兒回家，你知不知道，我已經把你妹妹娶回家啦！」

要評論馬莎夫妻誰是誰非，恐怕難有客觀標準，畢竟從馬莎的角度來說，她有無法忍受的苦，但她的老公也有難解的慾望，卻不見兩個人好好溝通，夫妻關係最後當然變成「整人遊戲」。

把這兩對夫妻間的問題延伸思考，我們不難得出一個道理，夫妻相處是人際互動的一種，許多與人相處的基本道理也十分適用於夫妻之間，甚至更適用於這些親密愛人身上，像是包容寬恕、尊重謙讓、關懷溝通……等等。

別說自己做不到，也別以為兩個人如此親密就可以省略！

想讓夫妻之間少一點爭執，或讓自己的人際關係更進一步，別忘了把心打開，更別忘了培養一顆包容與關懷的心。只要習慣了相互尊重，即便迷糊、酒醉，脫口而出的真心話也會是美麗的讚美。

用幽默的方式表達自己的意思

幽默的表達方式不是只為了找出答案，更富含了我們的生活態度。活絡自身的思考智慧，才能得到趣味的人生。

多聽聽別人怎麼說，多看看自己怎麼想，生活重在思考與活化。只要我們能經常動腦，即使思路誇張得讓人無法置信也無妨，因爲當中必能引出其他智慧巧思。尊重別人的思考邏輯，也應多肯定自己的思考道理，只要一切目的是朝向正面積極的意義，任何想法都有獨特價值。

老師指著某個學生說：「來，你舉一個文盲的實例，說說怎樣叫文盲。」

同學想了想，說：「嗯，比方說，如果蒼蠅不是文盲的話，就不會一再飛向那些明明寫了『滅蠅』字樣的膠紙上了。」

雖然有些亂掰硬湊，但這答案的思考其實也算有理，正因爲牠們讀不懂文字，所以一再地誤入陷阱。那麼，擁有學習文字語言能力的我們，是否懂得更積極珍惜這一切，更加努力呢？

例舉要能讓人明白，才能得到事半功倍的效果，好像下面這位教授的創意舉例，不只幽默有趣，且讓人一聽便懂。

一位頗有幽默感、精通印刷的教授，為了使學生瞭解「鉛印」和「影印」這兩種基本印刷方式的不同，特別做了一個簡單的示範。

他先請班上一位女學生到講台前面，然後對她說：「同學，麻煩妳在唇上塗口紅，然後親吻我。」

女同學依言配合，接著，教授指著臉上的紅色唇印說：「嗯，同學們，這就是鉛印。」

接下來，他從口袋拿出一條白色手帕，將臉上的唇印轉印上。「你們看，這就是影印。其實，與鉛印的效果差不多，不過很顯然的，過程乏味多了。」教授笑著解說。

轉個彎思考，想讓人明白道理，想避免溝通障礙，便要懂得聰明幽默地舉例，讓他人清楚明白你想表達的意思，如此不只有助於搭起彼此間的溝通橋樑，更能避開擔心的溝通誤會。

再更進一步思考，影印就像人與人之間的溝通，一味地轉印，最後必會印不出清楚的圖片文字，此時若是不能確實將問題找出修正，便會造成錯誤，帶來不必要的傷害。

所以，幽默的表達方式不是只爲了找出答案，更富含了我們的生活態度。活絡自身的思考智慧，才能得到趣味的人生。

03.

用鼓勵代替冷言冷語

把心放寬一些，學會用鼓勵的方式來振奮人心，而不要用指責或苛責的話來刺激對方，或者更能激發對方積極向上。

尊重別人等於尊重自己

尊重別人就是尊重自己，想減少人和人之間的摩擦，想得到別人的支持和肯定，再也沒有什麼比「謙恭有禮」四個字更重要的了。

戲院內，有個婦人轉過頭，對著後面幾個一直嘰嘰喳喳不停的女孩們說：「對不起，我想好好地看戲，妳們應該不會反對吧？」

沒想到，其中一個女孩回答說：「當然，不過，妳好像看錯方向了！」

看似幽默趣味的話，事實上卻是極不禮貌的回應，欠缺應有的「尊重」。

一個不懂尊重別人的人也難以得到別人的尊重，很多時候，個人自由權利看似正當，事實上總是侵害別人權利，遇到這種讓自己「難過」的狀況，應該如何幽默以對呢？

看看下面這個故事吧！

都已經凌晨一點了，樓上住戶的舞會還不結束，吵雜的音樂聲和吶喊聲不斷透過天花板和窗口傳進鄰居們的耳裡。

不久，有個鄰居打給這戶人家：「是柏肯先生嗎？」

「是的，馬可士！請問有什麼事嗎？」柏肯先生說。

「是這樣的，柏肯先生，我想向你借一下音響。」馬可士先生說。

「喔？你也想開舞會嗎？」柏肯先生大聲地說。

馬可士先生聽了，也大聲地回答：「不，我想睡覺了！」

換個角度想，如果今天是柏肯先生遭遇相同的情況時，他是否承受得了？會不會出聲抗議？

現代社會過分強調個人自由，往往衍生了錯誤的生活態度，不懂尊重別人的人，最後也得不到尊重。

這正是今天社會常見的人際問題，這一類人事事只想到自己，只想占人便宜，看似占盡上風，事實上卻是醜態百出，往後想再要別人信任或支持恐怕不易。

試想，如果在你我之中有人像女孩們一樣，對於人們的好心勸說總不屑一顧，或是和柏肯一樣老忽略了別人的感受，忘了應有尊重，那麼不妨試著把自己的角色替換一下，站在別人的立場想一想，試想如果換作是我們，結果會是如何？是否和馬可士或婦人一樣會感到不悅？

無論如何，別用冷言冷語回敬別人溝通的心意，因為聰明的人絕不會放棄溝通的機會，也不會忘記尊重別人的重要。尊重別人就是尊重自己，想減少人和人之間的摩擦，想得到別人的支持和肯定，再也沒有什麼比「謙恭有禮」四個字更重要的了。

能坦白誠實便會有好的人際關係

越難過的時候越需要幽默，用心體會，也用心去思考，從生活中悟出各式道理，我們才能從小聰明中看見大智慧。

「艾爾，你為什麼再也不和泰德下棋呢？」妻子不解地問。

「妳想一想，妳願意和一個一贏棋就趾高氣揚，但一輸棋就粗話連連的人玩棋嗎？」艾爾說。

「當然不願意了。」妻子明白地搖了搖頭說。

「是啊，泰德也不願意和這樣的人下棋。」艾爾說。

非常有趣的自我嘲諷，雖然聽得出他的口氣有些尷尬，但這番話卻也顯現艾爾的聰明。一個有自知之明的人總少不了聰明智慧，不會找藉口隱匿自己的過錯，也不會刻意遮蓋事實眞相，能夠用幽自己一默的態度坦白面對、勇敢承認，也因此能重拾人們的信任與喜愛。

不想帶著慚愧心虛過日子，學會幽默地正視自己的不足與犯錯，反而更能爲自己贏得生活快樂，人生也才能走得自在。

面子值不了幾斤，別人的觀感再直接，只要我們清楚自己的問題與價值，無論別人怎麼看、怎麼想，都可以一笑置之，一如下面這個老保羅。

「你兒子出外發展那麼多年，想必已經闖一點名堂出來了吧！」友人問。

老保羅聳了聳肩，回答說：「他到底有沒有成就我是不知道啦，不過，我知道政府很看重他。」

「真的嗎？為什麼？」友人不懂地追問。

「因為，前天有位警察跟大家說，只要有人發現他或找到他，就可以獲得一萬塊獎金！」老保羅自嘲地說。

雖然老保羅切入的角度充滿嘲諷，但用心體會老父親的無奈與感慨，也讓人看見了老保羅對兒子的期望。再不成材也總是自己的孩子，做父親的總希望他能有些成就。爲了減少人們的責難，老保羅不直斥或遮掩兒子的錯，反而幽默嘲諷兒子的不爭氣，看似無可奈何，其實同時也讓別人知道，兒子的錯他不逃避，只希望兒子能省思己過，早日走向正確的道路。

越難過的時候越需要幽默，用心體會，也用心去思考，從生活中悟出各式道理，我們才能從小聰明中看見大智慧。

兩則幽默自嘲的故事，引導我們深刻領悟，其實，人與人之間根本沒有面子問題，我們若想擁有圓融和諧的人際關係，便少不了坦白、勇於面對事實的智慧。簡單來說，能不逃避錯誤，能坦白己過，大部份的人都樂於再與你我握手言和，更樂於重新接納你和我！

用鼓勵代替冷言冷語

把心放寬一些，學會用鼓勵的方式來振奮人心，而不要用指責或苛責的話來刺激對方，或者更能激發對方積極向上。

乞丐對著一名富翁說：「先生，您能不能給我一點錢，讓我買杯咖啡？」

富翁不屑地說：「你憑什麼要我請喝咖啡？你為什麼不靠自己的勞力養活自己？我認為，人類需要的是更多的聰明智慧，而不是更多的錢。」

乞丐點了點頭說：「是的，先生您說得很對，一如您所說的，請允許我幫您分擔那些您已經太多的東西！」

富翁看似有心規勸，實則話中隱著歧視態度，任誰聽了都覺得不舒服吧！反觀

故事中的乞丐，看著他反唇相譏，嘲諷富翁空有財富卻智慧不足，想必讓不少人莞爾一笑吧！

常見的人際溝通當中，其實這類情況經常出現，有些人說話總愛兜兜轉轉，以爲能藉此掩飾心中的不滿與不悅，殊不知話中帶話，反而更容易造成人們誤解。又有一些人以爲暗中嘲諷，對方便不會察覺，但事實上反而更添對立！

與人相處，最重要的是心意眞誠，即使玩笑話也要多一點恭謙溫厚的態度，太過針鋒相對，一點也無益於彼此間關係的維護，一如下面這則故事。

男子對著朋友們說：「你們看，我的頭髮依然如此烏黑亮麗，但不知道為什麼，我的鬍鬚卻越來越白了？你們知道這是什麼原因嗎？」

其中一位朋友聽了，冷冷地回答說：「原因很簡單，那是因為你用嘴的時候，比用腦的時候多！」

試想，如果朋友像這樣冷言嘲諷對待，有多少人不會感到不悅，又有多少人眞的能一笑置之？心中不會出現疙瘩的總是少數，多數人還是會感到不悅且不滿，畢竟沒有人喜歡被人否定、嘲笑，人總是希望自己能被肯定或被尊重對待，不論身爲乞丐，還是和我們親近的友朋。

這樣的人際互動道理其實並不難懂，想少一點對立，話便得說誠懇謙遜些，不是眞話說不得，而是話中要少一點針對，少一點嘲笑諷刺，才能少一點人際衝突與溝通阻礙！

別忘了一念之心的重要，我們總在不經意間將待人處世的態度展現出來。別人是正面肯定，還是偏頗否定，我們都能輕易地感受到，若是後者，即使我們不計較、對抗，心中也不免存有芥蒂，彼此之間從此便多了一條裂縫，即使不明顯，始終是個隱憂，難以預料何時會爆開。

所以，把心放寬一些，學會用鼓勵的方式來振奮人心，不要用指責或苛責的話來刺激對方，或者更能激發對方積極向上。對話少一點冷嘲熱諷，自然讓人少了那些不必要的壞情緒，自然能擁有圓融和氣的人際關係。

想多得一點關照，要懂得彎腰之道

懂得低頭的智慧，也懂得謙卑以對，走在人生道路上總是利多於弊。想要人生暢通無礙，與人溝通沒有障礙，多一點謙虛和微笑準沒錯！

朋友很不以為然地質問他：「你為什麼在人們面前老是一副卑躬屈膝的模樣？真是太不像話了！」

男子笑著說：「我親愛的朋友，你怎麼會不明白呢？你若想擠牛奶，不是得在母牛面前彎下腰嗎？」

擠牛奶的道理人人都知，謙卑低頭當然較能取悅人心，也比較不容易引人防範。嘴巴甜一點，態度低調一點，對於麻煩的人事總是能多一層隔離作用，自然能少一些不必要的人事糾葛。

然而，在這個人事複雜的社會環境中，何時要低頭或抬頭，仍得運用智慧，即使有求於人，也不盡然只能以低頭之姿示人，有些時候抬頭昂立也能得想要的好處或機會，一如下面這則例子。

流浪漢用力敲著一扇門，不一會兒門口出現一位婦人。婦人一看見乞丐，開口便罵：「你長得這麼強壯，為何不到礦場工作，好好地賺錢養活自己？為什麼偏偏要當個懶蟲，當個沒用的流浪漢？」

流浪漢點頭說：「是的，太太，您說得沒錯，像您如此美麗的女人實在不該在家裡工作，應該登台當個讓眾人瘋狂著迷的女演員呀！」

婦人一聽，臉上立刻變得紅潤有精神，揚了揚頭說：「嗯，我其實是替你感到可惜，你等一等，我去看看裡面還有沒有什麼好吃的東西。」

流浪漢微笑地點了點頭說：「謝謝！」

流浪漢不用可憐相博取同情，而是選擇取悅女人心達成目的，在這帶點滑頭的機智中，我們不難看見他從原本卑微哀求的姿態，轉眼間卻抬起了頭來，甚至是有些驕傲得意地享受婦人的施予。

若要說這個流浪漢太狡猾，未免太過苛刻，畢竟這是他的謀生技能，乞求與給予總是一個願打、一個願挨，乞丐與婦人各取所需，也各得所需，又何必正氣凜然地批評？

其實，人類生存遊戲很多樣，低頭抬頭常常得視情況而定，不過大體來說，如果我們懂得低頭的智慧，也懂得謙卑以對，走在人生道路上總是利多於弊。

因爲，懂得身段柔軟之道的人，大都能多得一些人心，若是頭仰得過高，或站得太高，始終不利於人際互動，當然也很容易錯過與人溝通的機會。

世事沒有絕對的對與錯，想要人生暢通無礙，與人溝通沒有障礙，多一點謙虛和微笑準沒錯！

做人越虛偽，越得不到機會

再多的方法和巧思，都遠不如保持一顆真誠的心，畢竟太虛偽造作終究讓人看了厭膩，再巧詐也終會有被人識破的時候。

有個團員走到女導遊身邊，很誠懇地對她說：「非常感謝妳帶我走遍維也納的各個角落，這趟旅行真的讓我收穫良多，謝謝妳，為了表示我的感謝，請允許我送份禮物給妳，不知道妳最喜歡什麼？」

女導遊一聽，笑容滿面，心中也開始想像並期待那份「禮物」，只見她吞吞吐吐地說：「這個嘛，怎麼好意思讓你破費，這個……其實我很喜歡打扮，嗯……如果你真的要送我東西，那你可以給我一些……嗯，像是耳朵啦、手指啦，或者是脖子上用得著的東西吧！」

「啊！這簡單，沒問題！」團員明白地點了點頭。

第二天，遊客送上包裝精美的小禮盒，女導遊開心地接過，回房拆封時，房裡傳來一個咒罵聲：「這什麼鬼玩意！」

因為裡頭裝的是──「一塊肥皂」！

這個結果眞的非常有意思，不妨想想，如果相同的情況換作是你，你又會送導遊什麼禮物呢？

從女導遊的話中，我們不難聽出她的願望，然而那扭捏作態的表現卻讓人頗不以爲然，想要的說不出口，客氣推辭卻又留下後面語焉不詳的暗示，虛僞造作的行爲態度，實在讓人不敢苟同。

然而，類似的情況卻又屢見不鮮，這一類人不是言不由衷，便是充滿虛假，習於逢迎奉承，更慣於耍弄心機，雖然有人能一時風光，但更多人最終得到的卻是一場空，好像下面這則例子。

阿諾聽說部長的母親死了，連忙帶著花圈趕到墓地，出現時，只見他臉上滿悲傷痛苦的模樣，不知情的人還以為他們感情深厚。

這時，一位老朋友來到他身邊，說道：「你也收到消息啦，唉，沒想到部長這麼快就走了！」

「部長？不是部長的母親嗎？」阿諾吃驚地問。

「不是啊，是部長意外死去。」朋友說。

「這……真是！」阿諾一聽，便將花圈扔到地上，然後轉身準備離開。

「喂，你為什麼這樣？」朋友不解地問。

阿諾不耐煩地回答說：「拜託，部長都死了，我要做給誰看啊？」

看見阿諾憤憤地丟掉花圈，我們也看見了他的虛假心，同時我們也可預知，機會將一一從他身邊走過。

因爲，他忽略了身邊的其他人，挑明了「我就是做給部長看」的動作，當然也很直接地留給現場人士一個印象，一個人人討厭的「馬屁精」印象。

現實生活中，總是不乏喜歡奉承迎合的人，也不乏虛情假意的人，他們總是振振有詞地強調一切都是爲生存，然而，世界上有那麼多人能堅持做自己，不也一樣過得自在快樂，而且快活地生存著？

爲求生存，有的人拼命鑽研所謂的遊戲技巧，但是再多的方法和巧思，都遠不如保持一顆眞誠的心，畢竟太虛僞造作終究讓人看了厭膩，再巧詐也終會有被人識破的時候。

其實，這個道理並不難懂，想想我們自己，對於那些虛僞且狡詐的人是否喜歡，便可以知道。

做人越虛僞，就越得不到機會，眞誠，才是最適宜自己的生存之道！

用輕鬆的心情面對環境

負面想法和情緒太多，最受傷害的始終是自己，我們事事看不順的結果，只不過讓自己困陷這些埋怨中，終致看不見希望和機會！

作家佛列克曾說：「一個人在『難過』的時候，如果懂得跟自己開玩笑，那麼，這個『難過』就會在自己心中沉沒。」

其實，所有讓自己「難過」的事，是否眞的那麼難過，完全取決於自己一念之間。如果，你懂得在遇到「難過」的事情時，選擇用「跟自己開玩笑」的幽默態度面對，將會恍然發現，原本讓自己感到「難過」的事情，並非如自己想像中的那麼難過。

瑪麗很不喜歡現在住的房子，不滿地對媽媽說：「媽，為什麼我們不能住房租高一點的房子？」

瑪麗的母親回答：「孩子，別著急啦，我們很快就能住貴一點房子了。」

瑪麗一聽，開心地問：「真的嗎？什麼時候？在哪裡？」

瑪麗的母親笑著說：「就在明天，因為房東剛剛告訴我，從明天開始，這裡的房租就要漲價了！」

瑪麗媽媽的自我解嘲，或許讓人覺得苦中作樂，但是從「知足」的角度來思考，或者更能讓人學習樂觀生活的態度吧！

當眼前的際遇不如己意，與其整天唉聲嘆氣，倒不如發揮幽默感，沖淡心中的那些負面情緒。

好像下面這則故事，在看似嘲諷埋怨的對話中，其實我們也看見了與眾不同的生活智慧。

法國人自嘲著說：「你不知道吧！法國國旗上的色彩有著非常重要的意思，因為它完美地表現我們納稅人的感情，其中，藍色代表我們賦稅季節來臨前的心情，白色則是我們收到納稅單時的臉色，至於紅色，則是我們與稅捐機關人員交換收據之時的表情。」

美國人聽了，笑著回應說：「那有什麼？你不知道，我們美國國旗才有意思呢！設計者為了突顯我們拿到納稅單之時所遭受的打擊，所以才會在國旗上畫了那麼多顆星星！」

幽默式的嘲諷讓人減緩了情緒，更讓人學會面對現實的坦然，不管是臉色變化的寓意，還是滿天星星的自嘲，其中雖有些不滿情緒，但尚不致牢騷滿腹，透過言語表現出來的，反而多了一點樂觀幽默的面對態度。

其實，不管是房租變貴，還是稅賦制度，都是現代人無法避免的事，既然如此，我們又何必給自己那麼多不滿情緒？

想法由人，我們阻止不了別人的悲觀想像，也阻止不了他人的情緒埋怨，但我

們可以給自己更多的正面積極念頭，給自己更多的快樂想像，只要不讓自己觀看世界的角度變得極端，少一點埋怨，也少一點不滿情緒和不滿足，那麼我們自然不難發現生活美好的一面。

這不是阿Q式的精神勝利法，而是因為負面想法和情緒太多，最受傷害的始終是自己，我們事事看不順眼的結果，只不過讓自己困陷這些埋怨中，終致看不見希望和機會！

作家傑克森曾經寫道：「所有讓人『難過』的事情，通常不是事情的本身，而是我們面對這件事情的態度。」

因此，當一個人遇到讓自己痛苦難過的事情，與其整天愁眉苦臉，還不如用自嘲式的幽默「苦中作樂」。如此一來，再如何「難過」的事情，也會在「幽自己一默」的當中輕鬆度過。

無論對人對事，只要我們願意多想一想，用輕鬆幽默的心情面對當下的環境，就不難走過各式各樣的困境。

每個人都有建築幸福人生的能力

不管是用右腳走，還是由左腳前進，相較於那些只剩下一隻腳卻還能奔馳人生的人，健全的你我都沒有資格說「走不下去」。

乞丐笑著對企業家說：「基本上，我的職業算個作家，因為我正準備寫一本《一百種發財妙方》。」

企業家聽了這話，頗不以為然地問：「既然知道那麼多發財的方法，那你為什麼還要出來要飯？」

乞丐冷靜地說：「這你就不知道了，這正是我所描寫的方法之一啊！」

看見乞丐如此冷靜地回應，還給企業家這麼一個看似合理實則強詞奪理的答

案，想必讓不少人自嘆不如吧！

人生路該怎麼走，很多時候只能問我們自己，人可以成爲乞丐，也可以成爲企業家，一切都是自己的選擇。

不願盡心生活，不肯努力生活的人根本沒資格說環境好壞，畢竟人原本就應該付出心力共築美好世界的，如今他們選擇脫隊，那麼日子是苦是樂，便得由他們自己承擔面對。

無論如何，人們的同情心總會有用罄的時候，倘若不願幫助自己，一味地等待援助，自己始終不肯再站起來，最終也只能自負後果，一如下面這個例子。

有位商人每個月都會到伊斯坦堡走一趟，每次來到火車站時，都會在出口處遇見一位乞丐，並給他一些錢。

今天，商人在同一時間同一地點看見那個乞丐，唯一不同的是，那乞丐還未開始營業，只見他正一瘸一拐地朝著他的老位置走去。這時候，商人臉上忽然出現困惑，還滿臉驚訝地看著那個乞丐。

「我的老朋友，這是怎麼一回事啊？你左腿怎麼是瘸的呢？我記得一個月前看見你時，瘸的是右腿啊，難道是我記錯了？」商人問。

乞丐見露餡了，連忙用沙啞的聲音回答說：「喔，我最敬愛的善人，我偉大的施主，事實上您並沒有記錯。其實，我正在思考一件事，因為我只有一雙鞋，我怕一直磨右腳的鞋子，它早晚會破，要是破了，我就沒鞋子可穿了！所以，我決定讓這兩隻鞋輪流一下。」

聽見乞丐這麼說，不知道你有什麼想法？

嚴格講起來，這個乞丐的兩腿早就瘸了，因爲不想付出勞力，所以僞裝傷殘向人乞討。

這樣的「乞丐」到處都是，只要仔細觀察就不難發現，社會中那些不切實際的人不也如此？他們偏好站在高處，天天大做白日夢，大談著虛幻的心中理想，看似合理健全，實則短斤缺兩，破綻百出。

從乞討者的身上，我們看見了一個很簡單的道理，那就是：或許每個人都有選

擇放棄的權力，但更有選取幸福生活、成功人生的能力。其實，不管是用右腳走，還是由左腳前進，相較於那些只剩下一隻腳卻還能奔馳人生的人，健全的你我都沒有資格說「走不下去」。

不要把聰明才智用在錯誤的地方，你可以學習這兩個乞丐的幽默，但不要學他們好吃懶做。別忘了，老天爺偏心地給了你我如此健全的身體，讓我們少走了許多辛苦的路，我們便不該輕易說放棄，更不該再否定自己的本領。

路絕對是人走出來的，只要我們積極振作，就算只有一隻手，我們一樣能用這隻手築出一片天。

態度積極就有好運氣

當一個人的生命態度偏斜消極，生活態度懶散而怠惰的時候，不只腳步跨不大、走不遠，更會因此讓自己經常陷在頹靡不振的困境中。

有一群猶太人正站在巷口為自己祈福，其中有人喃喃著要成為富翁，有人則祈禱能娶到富翁的女兒。至於女人們，則虔誠地祈求天神賜福，好讓她們能生下健康活潑的孩子。

人群中，有一個乞丐也喃喃地對天祈禱，這時有人好奇地問他：「喂，你為自己祈禱些什麼？」

「我希望，我能成為城裡唯一的乞丐！」乞丐認真地說。

向老天爺祈求，聰明的人懂得「要」的技巧，要得好，人生會因此得到更多，也走得比別人更加順利圓滿。反之，不懂得「怎麼要」的人，才一開口求神，便註定得不到老天爺的祝福，更看不見未來的成功人生！

這個道理其實不難理解，我們不妨先想一想，然後再看看下面這個例子，或許更容易了解「態度積極就有好運氣」的道理。

警察問小偷：「你為什麼挑這間小商店行搶？」

沒想到這小偷的答案竟是：「沒辦法，這裡只有這間店離我家最近。唉，你又不是不知道，近來社會混亂，我實在不敢走得太遠啊！」

姑且不論小偷行爲的對錯，我們該討論的是一個人的態度問題。當小偷說他害怕社會混亂，害怕離家太遠的時候，我們也知道他無疑是因爲自己的生活態度，致使自己淪爲小偷。一如上面那個乞丐一般，當一個人的生命態度偏斜而消極，生活態度懶散而怠惰的時候，不只腳步跨不大、走不遠，更會因此讓自己經常陷在頹靡不振的困境中。

那麼，向天祈求的時候，我們應該求些什麼？

聰明的人都知道，與其求老天爺賜予好運，不如求一個建康身體來得實際。因為，所有的成功者都知道，運氣只存在一瞬，轉眼便逝，但健康的體力可以長久支持下去，只要我們有決心和毅力走出「自我設限」，不論離家遠近，不管敵人、困境是否存在，都不會影響我們走向成功的機會，更不會阻礙了我們成就一番志業的企圖心。

更具體地說，想成功，就得先要求自己具備突破的決心和定力，再要求自己要有堅持走下去的毅力，至於其他那些天命之說或命盤運勢就丟一旁吧！不管怎麼說，你我的人生路始終得靠自己走，別人想閒語八卦也是他們的事，只要我們清楚自己要的是什麼，也能下定決心走下去，便不難發現，身邊的阻礙和侷限不過是一張紙板，一推便倒！

04.

難過的時候，為自己找個藉口

越難過的時候，越需要幽默，當彼此的關係惡化，不妨適時為自己也為別人找個藉口，緩和彼此心中的那些不滿情緒！

先充實能力，再問機會在哪裡

老想著坐上成功寶座的人，先問自己到底能力累積充實了沒，又到底有什麼才能足以服眾後再說吧！

愛唱歌的哈利站在舞台上快樂歡唱，唱完之後十分興奮地回到座位，然後問朋友：「我剛剛唱得怎麼樣？」

朋友說點了點頭，說道：「唱得很好，不過……不唱更好。」

看見這則故事，不禁讓人想起小叮噹故事中的胖虎，五音不全的他很喜歡唱歌，更喜歡在大眾面前高歌，情況就好像故事中的哈利。

聽見朋友先褒後貶，想必讓哈利氣惱不已！但從另一個角度檢視，我們得說哈

利是個沒有自知之明的人，正因爲檢視自己的能力不足，更要有勇氣面對人們批評，也更要省思人們的好心提醒，要是欠缺自知之明，卻又自大自負，只會讓自己一再遇上挫折，甚至一碰到難題便一蹶不起。

原因無他，這一類人很愛抱怨，他們只會埋怨懷才不遇，只會斥責環境不佳，卻從來不思考自己，更不知道要及時補強自己的不足，一如下面的約翰。

約翰大聲地對朋友說：「我底下有幾千名員工呢！」

朋友聽了，連忙向他道喜說：「哇，那你的職位一定很高囉？」

只見約翰從容不迫地說：「職位不是很高啦，只是座位挺高的！因為，我的辦公室在二十九樓。」

誇口自己的「位子」很高，看似自嘲，其實隱約間不難感受到約翰的不滿意。

一個喜歡嘲弄自己工作地位的人，對於現狀總是懷著不滿的情緒，但是，不要輕忽了你我一時的情緒話，特別帶著嘲諷的玩笑話。

唯有正視自己的情緒感受，我們才能看清楚自己的需求，也唯有認眞檢視自己的心情感受，我們才能用正確的態度面對眼前的問題，時時低頭省思這些問題，我們才能眞正地找出問題的核心，順利解決問題。

人總是喜歡自命不凡，只是我們不能忘了，眞正有才能的人更懂得謙卑，因爲他們知道自己的聰明才智有限，若不適時低頭，就永遠看不見生命的智慧，也累積不了眞正的實力本事。

所以，想引吭高歌的人別急著當衆表現，先閉門認眞學習，好好地把五音不全的問題解決之後再出聲，不必等你開口要求讚美，觀衆們自然會在音樂結束時連聲叫「好」。

至於老想著坐上成功寶座的人，先問自己到底能力累積充實了沒，又到底有什麼才能足以服衆後再說吧！

越會想像，就有越多選項

人生道路狀況百出，不要只懂得選取別人給的答案，思考越廣，我們越能打開自己的視野，越有更多選擇的機會。

演出季節開始後，劇院裡的人潮幾乎天天爆滿，這天，售票處又掛出一張「票已售完」的牌子。

馬克經過劇院時，見到這種盛況，不禁好奇地問一名路人：「請問，這齣戲真有那麼大的吸引力嗎？」

路人點了點頭說：「當然，因為劇中女主角頻頻更換服裝，光這點便十分吸引女性觀眾。另外，那個女主角每次都是站在台上當眾更衣，光這點就十分吸引男性觀眾啦！」

這個原因是不是讓你聽得不住大笑點頭呢？

看來古今中外皆然，人們面對相同的問題總會失焦，在這類演出當中，戲劇的張力或劇情的可看性不只沒有人在乎，有時甚至還顯得多餘。但是，換個角度深思，許多人不也和故事中大多數的觀眾一樣，觀看事情的時候老是捉不到重點，甚至還經常抓錯重點！

下面這個例子將更加讓人明白，聰明思考的重要性。

主考官正在對比利考口試：「請問，如果你開車之時，突然看到一條狗和一個人出現在前面，這時你撞狗還是撞人？」

比利毫不猶豫地回答：「當然撞狗啦！」

只見主考官搖了搖頭說：「你下次再來吧！」

比利一聽，很不服氣地問：「為什麼？我選擇撞狗有什麼不對嗎？難道你要我去撞人啊？」

「不，你應該要緊急煞車。」主考官緩緩地說。

好一個「緊急煞車」，這個看似腦筋急轉彎的例子，其實讓人更加明白生活智慧的重要，只有具備一定的智慧，才不會做出錯誤的選擇。

到底生活中什麼才是最重要的？我們在解決生活問題時，該怎麼選取才會能有最好的選擇？

這個答案並不容易解開，只要我們努力從日常生活中反省，就能得出一個最適宜自己的答案，但要記住，這個答案卻不一定適用於其他的人，其他人的答案也未必適合你。

不要人云亦云，也不要盲目跟從，每個人都要有自己的想法才行。

好像第二則故事一樣，人生道路狀況百出，不要只懂得選取別人給的答案，要多一點想像，也多一點思考，想想這三個或第四個選擇，即使它們不在人們給的選項裡頭也無妨。

因爲，越會想像就有越多選項，思考越多越廣，我們越能打開自己的視野，越有更多選擇的機會。

我們不必特立獨行，但一定要有與衆不同的企圖心，當大多數人都這麼看、這麼說的時候，我們要懂得從其他的角度中發現不同。

聰明的人不會一窩蜂，也不會只看表面現象，他們更懂抓住別人忽略的機會，爲自己創造獨一無二的成功成果。

腦袋空空才會不懂裝懂

喜歡裝氣質的人就像東施效顰一樣，總是忽略了，仿造得再像也無法隱藏自己腦袋空空的真相啊！

圖書館管理員對館長說：「這些書實在太深奧了，那些閱讀過的人都說很難懂，幾乎沒什麼人借閱。」

館長聽了，點了點頭說：「那還不簡單。」

接著，他要求管理員們把圖書位置重新更動，然後把那些深奧的書全都集中在一塊，放在一個十分引人注意的地方。

第二天，擺放這些書的架子上多了一塊牌子，上面寫著：「這些書較深奧難懂，需要有高深學問的人才能明白。」

沒想到，這牌子一放，當天下午，架子上的書便全都被借光了。

這是一個非常有效的手段，也是一個非常有趣的現象，很寫實地說明了人性中的「虛假」面，原本書安靜躺在某個角落裡不見人光顧，直到館長刻意彰顯它們的「不凡」，才挑起那些好「故作聰明」的人借閱，只是最終是否眞能帶動人們內在提升的效果，恐怕又是另一回事了。

有對男女正在對話，男人對女人這麼說：「名人都說，沒有書的房子只是個沒有靈魂的軀體。」

女人則反駁說：「喔，照這麼說，有書不讀的人便是靈魂出竅囉！」

女人絕妙地反駁，讓人不禁想起一些人的虛僞造作，例如那些喜歡把精裝套書成堆擺滿屋子，用來妝點自己的人，若問他們圖書是否翻閱了，我們不難得到否定的答案，不是嗎？

事實上，這些喜歡裝氣質的人就像東施效顰一樣，總是忽略了，仿造得再像也無法隱藏自己腦袋空空的眞相啊！

沒有人不知道知識必須踏實累積，那就像一個人的氣質，若不是眞正發自於內在，再好的包裝與僞裝，也隱藏不了內在的虛實。讀書也是如此，若不能深刻閱讀，不能廣泛思考，自然難成眞正有「高深學問」的人。

遇到那些有書不讀的人，不妨學學第二則故事，幽默地告訴他們，書不是買來裝飾自己的，一定要勤翻閱，更要勤思考，不要讓書成爲牆上的裝飾品，也不要讓自己成了知識記錄器，因爲高深的學問強裝不來，唯有融會貫通，才能將所學換成自己眞正的知識學問，才能創造未來的新知。

想創造未來的人別忘了「踏實」兩個字，深奧的書讀不來又何妨？坦白自己的領悟力不夠，需要很多人教導又何妨？最重要的是，不懂就要設法搞懂，那麼無論別人如何否定或嘲弄，都絲毫減損不了我們的才智與風采。

與其計較，不如想想解決之道

處世不要計較那麼多，凡事多轉一轉，不要固執地糾在某個結點上苦思計較，能把問題解決才是最重要的。

埃爾和幾個工人正在碼頭裝卸貨物袋，每卸一袋，埃爾都會用粉筆在木板上劃一個符號記錄。

這時，一條流浪狗經過，忽然抬起了腿對著那個記錄板撒起尿來，轉眼木板上的粉筆記錄被沖刷得模糊不清，即使仔細看也看不清楚。

埃爾發現之後，怒不可抑地對著流浪狗大罵：「哪裡來的混帳東西，居然把這筆帳都毀了？」

這眞的該怪流浪狗的那泡尿嗎？還是得怪埃爾處理事情不夠嚴謹呢？

生活中像埃爾一樣的人不在少數，一遇到問題，不思考問題到底出在哪裡，卻急著追究責任歸屬，只是很多情況是，負責的對象找出來了，可是問題一樣解決不了，好像下面這個情況。

房客氣呼呼地跑來和房東理論：「我實在無法忍受了，房東先生，您這屋子為什麼老是漏水呢？」

沒想到房東聽了，卻說：「先生，這點我真的沒法子了，您才付那麼一點房租，不漏水，難道您奢想漏香檳酒不成？」

漏水的問題當然得由房東解決，然而現實生活中很多人都像故事中的房東一樣，問題很清楚地擺在眼前，但是無論是負責的人還是共事者，常常只顧著研究責任歸屬問題，卻不想怎麼「解決問題」！

想想我們自己，也想想曾經發生在你我身上的問題，當某些事件發生的時候，我們習慣先把問題解決，還是只顧著推卸責任，試圖脫身？

團隊中，每個人都有自己的責任，少一個人負責都不行，不管領導者能力如何，既然要層層分工，便是為了讓每人都能共擔責任也共享結果。

如果我們只顧著自己，卻不想扛起負責，那麼有再好的人才或機會，也難以得到良好的結果。

我們都知道，推卸責任容易，承擔責任困難，因而發現有人願意擔起重責，多數人都樂得推拱，樂得奉上「能者多勞」的美名，好讓自己少一點負擔，多一點輕鬆快樂的時光。

只是一切辛苦都由別人扛起，到了成功的果實結成時，難道我們不想分享品嚐果實的滋味嗎？

處世不要計較那麼多，好像第二則故事，屋子漏水了，最大的損失可不是房客，天花板不修，若是傷及房屋結構，最終還不是房東自己損失最大？

同樣的，流浪狗沖刷掉記錄，該有的動作不是氣惱流浪狗的攪局，而是立刻省思這記錄方法的缺點，然後想一個更周全謹慎的方法才是。

英國傳記作家斯末萊特曾在《藍登傳》裡這麼寫道：「要根據各種狀況，仔細選擇最為可行的方法。有時候，你必須把手上的石頭丟掉，但是，有時候你又必須把石頭撿回來。」

凡事多轉一轉，找出問題的癥結，不要固執地糾在某個結點上苦思計較，能把問題解決才是最重要的。

雖然我們不必刻意地一肩扛起責任，但至少要有一些分擔責任的勇氣，畢竟團體之事若能得一個好的結果，好處我們一定享用得到。

難過的時候，為自己找個藉口

越難過的時候，越需要幽默，當彼此的關係惡化，不妨適時為自己也為別人找個藉口，緩和彼此心中的那些不滿情緒！

俄國大文豪高爾基曾經這麼說：「過分認真嚴肅地看待生活，生活就會枯燥乏味。」

的確，太過認眞嚴肅，生活就會由衝突、摩擦和痛苦串連而成，如果能夠用輕鬆幽默的心態面對，那麼人生就會精采豐富。

報紙上登載了一則購屋啟事，全文如下：「本人急需一間房屋，希望空間能寬敞一點，最好是能讓我的妻子住進去之後，就不再想回娘家了。附帶一提，我希望

房子不要太大，那空間最好能讓我的丈母娘看了，不會有想與我們同住在一起的念頭……」

看完了這段廣告啓事，不知道帶給你什麼樣的想法？

夫妻間的問題十分多樣，然而不論是婆媳關係出狀況，還是夫妻不和，大體來說都是溝通出了問題，因爲彼此不肯退讓，固執地站在獨木橋上對峙，誰也不讓誰，終致變成難解的夫妻問題或婆媳問題。

好像下面這個故事，很多感情、婚姻的困擾，問題並不是出在人的部份，往往是自己的心結！

阿美忍不住問阿珠：「咦?去年遇到妳的時候，妳不是說和老公不合準備離婚?怎麼到現在還住在一起啊？」

阿珠無奈地說：「一切都得怪『意見不合』！」

阿美不解地問：「那是什麼意思？」

阿珠嘆了口氣說：「唉，因為贍養費談不攏啊！」

眞的是兩人意見不合，贍養費談不攏，所以遲遲無法簽字離婚，還是根本是不想離婚的藉口？

不論當事人抱持什麼理由、藉口，我們都可從這兩則故事中找出問題。其實，人與人之間常見的麻煩事總不離「溝通」兩個字，好像第一則故事一樣，老婆不回家，本來是兩夫妻之間的問題，但最終還牽扯出了拒絕丈母娘同住，無疑說明了這個男人的自私與自我。

試想，若是溝通順暢，老婆又怎麼會一天到晚跑回家？如果多份包容心，丈母娘造訪同住又怎麼是個大麻煩？

在第二則故事中，男人女人都一樣，正是因爲丟不開的面子問題，所以才會用「贍養費談不攏」當作藉口，回答這個讓自己尷尬的問題。

畢竟，有心分開總會想法子分手說再見，但女人爲了讓自己留下的原因更合理，於是看似不合乎邏輯的「意見不合」，竟然成了最合理的解釋，也成了男人女

人繼續牽手下去的最佳理由。

但換個角度想想，或者正因爲這個「分不了」的因素，更讓他們有機會學習「包容」與「接納」彼此。

不論是小家庭、大家庭，還是一般的工作場合，想有個無爭且和氣的人際關係，最重要的不是要求別人應該怎麼退讓，而是反問自己是否願意多一點包容和寬容。

因爲，不管我們如何切割分離，也切不斷與人互動的機會，更阻絕不了自己與別人交流！

不要再說因爲親近親密，所以可以少一點包容和體貼，正是因爲這層親密關係，我們才擁有更多的力量與希望，因此我們更要懂得包容體貼，一旦我們失去外援，最終仍得靠周遭親朋好友的力量支持自己再站起來。

越難過的時候，越需要幽默，當彼此的關係惡化，不妨學學第二個故事，適時爲自己也爲別人找個藉口，就算是個無厘頭的藉口，至少也能緩和彼此心中的那些不滿情緒！

與其揣測，不如直接提問

有任何問題、困惑，就別浪費時間猜疑推測，直接把問題提出來，請對方給個明確的答案，才不至於浪費時間和生命。

街角立著一根又粗又大的電線桿，由於正巧矗立在轉角處，導致意外頻頻，有不少人未能及時察覺，閃避不及而喪命。

這天，有個婦女帶著兒子經過這個敏感的地方，忽然想起前幾天發生的意外，血肉模糊的影像深深印在她的腦海中，讓她不自覺地拉著兒子快步前進……

「媽媽，媽媽，妳看，那電線桿上有兩個人耶！」兒子被迫加快腳步的時候，忽然興奮地對著母親高呼！

婦人一聽，渾身打顫，頭也不回地用力拉著兒子的小手，再加快腳步前進，小聲地對著兒子說：「不要亂說話！」

第二天，這件事就傳遍了整個社區，甚至連電視台都跑來採訪。有個記者找到了小男孩，邀男孩重回現場，以便了解事實的真相。

夜晚時分，記者與小男孩一同站在那根電線桿下，記者問小男孩：「你是在這裡看見『兩個人』的嗎？」

小男孩點了點頭，然後滿臉困惑地對記者說：「對啊，你看，那兩個人不是還在那裡，難道你看不到嗎？」

記者一聽，連忙叫攝影機往上拍……

「哪裡？」真是讓人毛骨悚然的怪事，記者看了老半天還是沒看見，這下更加確定孩子具有特異的本事。

「那裡啊！明明就在那上面！你們看，那兩個人不就在那兒！」小男孩指著那兩個「人」的位置！

大家順著孩子手指的方向看去，這才發現那兩個「人」的所在位置。那不是別的，正是「交通安全，人人有責」標語裡的「人人」啊！

這個故事呈現了孩子的天眞純粹，也嘲諷了大人和媒體的捕風捉影，跟孩子相比，顯得無知可笑。現代人看似文明進步，思考卻不見進展，對鬼怪神話的注意力竟高於交通安全。

人們總把心力浪費在一些無聊的擔心或煩惱上，就像下面凱利的暗嘲。

這天，保羅在街上遇見凱利：「凱利，你匆匆忙忙要到哪裡去啊？」

凱利說：「我要去搭五點半的飛機。」

保羅看了看錶，笑著說：「現在才兩點半，還早得很，不用那麼緊張！」

凱利聽了，搖了搖頭說：「我知道時間還早，但是總有些人和你一樣，一看見我便問我準備到哪兒去，這些時間我也得把它算進去啊！」

如果是你，否是也會把那些回應時間算進去呢？

如果是你，是否也會和那個記者一樣，專題製作電線桿上的「兩個人」問題呢？

都說時間不夠用了，就別再把時間浪費在不必要的煩惱上，也別再把心力浪費在鬼怪神說上。

既然時間不多，有任何問題、困惑，就別浪費時間猜疑推測，直接把問題提出來，請對方給個明確的答案，才不至於浪費時間和生命。

生命中還有許多值得我們探尋的未知知識，與其把心力耗費在沒有建樹性的事物上，不如用更充裕的時間和心力去追尋能改變自己與未來的目標吧！

提防虛情假意的小人

現實生活中，我們反而害怕遇見這一類虛偽地表現誠意，也虛假地展現真心的人，他們使壞往往是暗著來，讓人防不勝防！

有男子要為死去的丈母娘立一塊碑，來到一家石碑店詢問價格，只見他這麼問老闆：「請問，你這兒有沒有物美價廉的石碑啊？」

老闆楞了一下，回答說：「有啊，我這兒正好有這麼一塊物超所值的石碑，不過，那上面已經刻上別人的名字了。」

「真的嗎?那太好了，我就要它了。有字沒關係，反正我的丈母娘是不識字的！」男子開心地說。

不是眞心以對，再多的動作都是虛僞，一如故事中的男子。

人類世界多得是以利字當頭的心態，不時可以聽見人們的埋怨感嘆，卻鮮少聽見人們的深自反省。

仔細想想，如果換作是我們自己，是否也會希望受到他人如此對待？

一場億萬富翁的葬禮上，各方人馬把現場擠得水洩不通。

在哭喪哀戚的人群中，有個年輕人顯得十分突出，相較於其他人，這個男子哭得最為淒厲感人！

不少人走來他的身邊安慰他：「想開點吧！」

只見他哽咽地點了點頭，什麼話也沒說。這時，有人好奇地問他：「請問，那是您的父親嗎？」

沒想到年輕人一聽見這個問句，反而哭得更慘，但他們得到的答案卻是：「天哪！為什麼他不是我的父親啊！」

正因爲富翁不是他的父親，所以更讓他覺得感嘆，也因爲人們誤以爲他是富翁之子，所以不少人上前安慰關心，當人們知道他只不過是不相干的人後，是否願意繼續給予安慰安撫？

我們常感慨人性的現實，許多人也一再提醒我們人性的險惡面或醜惡面。可是，很多時候我們也發現，那些擺明心地醜惡的人，反而更讓人容易防備，也更讓人覺得他們性情眞實。至於第一則故事中的男子，則是不折不扣的小人。現實生活中，我們反而害怕遇見這一類虛僞地表現誠意，也虛假地展現眞心的人，他們使壞往往是暗著來，讓人防不勝防！

聰明的人要張亮雙眼，不要被那些漂亮好聽的話欺騙。虛假的人很容易露餡，好像男子對丈母娘「不識字」的否定，眞正有誠意的人不會用諷刺的字詞嘲笑親人，不管自己的親人如何，他們都會謹記尊重這兩個字。

教孩子把天分用在正當的地方

如果不想讓孩子輸在起跑點上，最好的方法是給他們一個健全且建康的心智，日後他們才懂得將自己的聰明機智用在正確的地方。

放學回家途中，有個調皮的小男孩看見河邊有一間流動廁所，居然心生歹念，想惡作劇尋開心，竟把那間廁所推進了河裡。

第二天，他再次經過那兒，卻不見廁所歸位，心裡一個轉念：「天哪，我昨天做了什麼好事？」

回到家中，男孩越想越不對，決定向爸爸坦白一切。

沒想到，父親聽完之後，當場狠狠地給了他一個巴掌。

男孩疼得眼淚猛掉，不服氣地問：「爸爸，你這樣怎麼對？當年華盛頓砍倒櫻桃樹之後，很誠實地向他爸爸承認，他爸爸不只沒罵他，還誇獎他誠實耶！我這麼誠實，你卻打我，這樣很不公平！」

「公平？兒子，華盛頓他老爸當時並沒有坐在櫻桃樹上啊！你懂不懂！」男孩父親氣憤地說。

看完這故事，想必引起不少大人們嘆息，孩子聰明本來是件好事，可偏偏許多孩子老是誤用了他們的天才，好像故事中的小男孩，對於他的誠實坦白，到底應該責罰還是給予肯定，還眞讓家長們煞費苦心。

我們不妨再從另一組孩子的對話來思考，應該怎麼面對孩子們的聰明。

教堂內正在舉行婚禮，教堂外有兩個調皮的孩子。

「真是無聊，我們來玩遊戲！」男孩問。

女孩說：「玩什麼好呢？」

男孩說：「和新郎開個玩笑吧！」

女孩不懂地問：「開玩笑？怎麼玩？」

男孩笑著回答說：「那還不簡單！只要走到他面前，然後大聲叫他爸爸，就有好戲可以看了！」

讓人莞爾一笑的對話，卻也讓人發現，聰明且悟性高的孩子確實比較靈活，想像力也比較活潑，說他們有小聰明，一點也沒錯，說他們想像力太過，試圖「矯正」，卻又顯得苛責，一旦強制壓抑孩子躍動的心思，對天分的發展是無益的。父母親的教育態度和智慧，此時便顯得非常重要了。

聰明的孩子是敏感的，大人們得多花點心思耐心教導，不只要讓他們知道這是不對的，還要讓他們知道「為什麼」不對。

第一則故事中的父親，給了孩子狠狠的一個巴掌，看似解決了問題，其實根本沒有，特別是後來父親加的那個理由，雖然幽默有趣，但一個「因為老爸我在上面」的理由，恐怕只會讓孩子產生誤解！

告訴孩子此舉會造成「生命危險」，比起害得「我受傷了」來得更加重要，溝通不能這麼做的原因，也比立即揮掌處罰更有教育意義。

讓孩子們明白有些玩笑不能亂開，讓他們知道「錯在哪裡」，然後再給予適當的「處罰」，效果絕對比立即給孩子皮肉上的疼痛更能讓孩子們認真省思，並下定決心不再犯錯！

親愛的爸爸媽媽們，如果不想讓孩子輸在起跑點上，最好的方法不是要他們到處學藝，而是給他們一個健全且建康的心智，日後他們才懂得將自己的聰明機智用在正確的地方。

05.

愛說大話，小心自打嘴巴

不管是在什麼情況下，都要知道有幾分本事才說幾分話，不管是否為了因應壓力或機會需要，待人處世都應該要實實在在。

冷靜，才能走出困境

無論環境如何，人生路是由自己的雙腳走出來，到底是走向陽光還是灰暗，全看你我怎麼選擇。

邁克一家人今晚到戲院看電影，一進入戲院，便直接往樓上走去，因為樓上的票價比較便宜。

找好了位子坐定之後，他們便等著電影播放，但是，一直到節目開始，小邁克始終不肯乖乖地坐在位子上，而且喜歡趴在欄杆上看。

這時，邁克的父親對妻子說：「瑪格麗特，好好看著孩子啊！別讓他掉下去了，樓下的票可貴了，萬一不小心掉下去，那我還得補票耶。」

爲了省錢，所以才防止孩子趴在欄杆上，因爲害怕補票，所以才小心避免孩子跌入樓下，這樣的邏輯思考還眞不是普通人想得到的！

其實，這正是人們常犯的「價値偏差」。

在探討「價値偏差」之前，我們不妨再看看下面這個例子，或許從中能得更多的思考啓發。

約翰到昆蟲商店裡買東西，對著店員說：「先生，我要買二百五十隻臭蟲，二百三十隻蟑螂，還要十五隻老鼠……」

店員一聽，吃驚地問：「你要這麼多東西做什麼？」

約翰冷靜地回答：「喔，沒什麼，房東要我搬家時，再三命令我一定要把那房內的情況恢復到『原來的模樣』，我可沒有忘記，剛搬進那兒的時候，到處都是這些小傢伙呀！」

因爲每個人對事情切入的角度不同，所以不同的事情由不同的人處理，便會得出不同的結果。

故事中約翰的情況，很多人都會碰上，但在這個帶點怨憤的情緒中，我們不難嗅出他對房東的不滿，因爲不滿，所以他做了這個報復動作。

只是這個動作恐怕是不好的，畢竟其中隱約有著仇恨的心態，很多時候我們便是因爲從偏頗的角度切入，或是認知出問題，而不斷重蹈錯誤，也不斷讓自己陷入困境之中！

好像第一個故事中的邁克，以錢爲重卻不以孩子的安全爲念，帶給孩子們的價值觀又豈會是正確的？

又如第二個故事中的約翰，社會現實本屬正常，房東畢竟是在商言商的，與其情緒性報復，讓自己滿心怨恨，不如試著安撫自己，或者告訴自己走出這裡將會看見不一樣的新天地，這樣不是比較積極正面嗎？

生活無法十全十美，即便堅信人性美善，也還是會遇上有心人計算，只是無論環境如何，也不管呈現於你我面前的現實人性如何，最重要的還是我們自己怎麼想、怎麼做。

只要我們不偏取怨憤角度，能小心糾正自己的觀念價值，我們自然能走出一個沒有埋怨也安全無慮的人生。

兩則故事很簡單，卻足以讓人深入思考，畢竟現實中的人性泰半如此，許多人經常受困其中，該怎麼用健康的心態走出這樣的困境，有待我們冷靜反思。

英國有句諺語說：「處順境時必須謹慎，處困境時必須冷靜。」的確，在困境中保持冷靜是所有成功人士必備的智慧。冷靜是突破困境的最高智慧，可以讓自己頭腦清醒，不至於進退失據、患得患失。

聰明的人都知道，人生路是由自己的雙腳走出來，到底是走向陽光還是灰暗，全看你我怎麼選擇。

各退一步，心裡更舒服

凡事都各退一步吧！如果連面對最愛的人都缺乏幽默應對的智慧，不肯給予包容的心，試問，又如何能擁有幸福生活？

一名婦女在下車時，不小心被公車門夾傷了右手食指，氣得控告司機謀殺，還要向客運公司索賠一百萬元。

律師聽完婦人的說明，忍不住說：「太太，只是一根手指頭受傷，恐怕無法要求他們給那麼多錢啊！」

婦人怒吼道：「誰說這只是一根手指頭！你知不知道，這隻手指可是用來指揮我丈夫的呀！」

想像婦人對著丈夫頤指氣使的模樣，再配上食指怒點的動作，想必讓不少人禁不住莞爾。

一如故事中的引導，我們也發現到，男人女人之間的互動，實在難有一個好的平衡點，不是男人讓女人傷心，便是女人讓男人傷腦筋，似乎在所有人際互動關係中，最難解的便是兩性之間的問題了。

只是，說難解還是得解決，畢竟兩個人若想一起走下去，總還是得把情緒丟開，不然，像下面的小馬一樣，又如何能得到幸福的完結？

「唉！我的狗狗竟然跑了，我真是傷心死了。」小馬難過地說道。

鄰居聽了，皺著眉問：「小馬先生，就我所知，你老婆出走時，你也沒這麼激動啊！」

小馬聽了，氣憤地說：「你懂什麼！要知道，我老婆的脖子上可沒掛那三枚國際展覽會的獎章啊！」

聽著小馬嘲諷著老婆不如狗，看似氣憤難平，其實隱約還是帶著一點想念的情緒。若不是「很在乎」，情緒便不會紛起，不是嗎？

否定的話雖然傷人，但正因此更讓我們明白，男女情愛的糾結很難用表面情況來解析，即使旁人想插手幫忙，也很難成爲好的調停人。

畢竟，若是兩方的心結不能解開，再多的分析、拉攏也只是徒勞。

笑看第一個婦人的賠償理由，也笑看小馬的價值比較，我們必能輕鬆地解開男人女人的癡迷。

不如凡事都各退一步吧！如果連面對最愛的人都缺乏幽默應對的智慧，不肯給予包容的心，試問，又如何能擁有幸福生活？

所以，別再爲了面子硬撐了，把食指收回，把醜話回收，只要兩個人各退一步，我們便會立即發現：「原來，看似棘手的夫妻關係，其實是人與人之間最容易學習的課題。」

愛說大話，小心自打嘴巴

不管是在什麼情況下，都要知道有幾分本事才說幾分話，不管是否為了因應壓力或機會需要，待人處世都應該要實實在在。

旅館傳來陣陣警鈴聲，有人呼叫著：「著火了！」

不一會兒工夫，住宿的旅客紛紛從門口跑了出來。

這時，有一名男客人走進人群中，並且一派自若地說：「嗨，你們別慌張啦！想我聽見失火時，還能慢慢地從床上起身，並且為自己點上一根煙，跟著泰然自若地穿上衣服。其實，我原本想再打個領帶的，不過後來發現不太適合這件衣服，所以又把它解了下來，然後才慢慢地從逃生口走下來……」

男子說到這裡，停頓了一下，吸了一口煙，然後才又補充說：「各位，你們一定要記住，當危險發生之時，千萬要保持鎮靜啊！」

人群中有位房客附和說：「您說的真對！」

旋即卻又有另一人補充問道：「但有件事我不太明白，請問，您為什麼沒穿褲子呢？」

面對危機，當然要冷靜理性，但是面臨生死關頭，能冷靜不緊張的人恐怕仍在極少數。

就心理學角度來看，越是緊張的人往往話越多，因爲許多人面對緊張情緒的時候，爲了減少壓力，會找別的事情來分散自己的注意力，其中「說話」是最簡單也最容易紓解的方法。

反之，也有些人爲了讓情緒快速平復，會保持安靜，幫助自己能進入冷靜且理性的思考狀態。

在這裡，我們從男子的冷靜詞句與緊張狀態中學習到，話不要說得太快，想冷靜，更需要安靜，不然在情緒化的大放厥辭之後，只會讓自己掉入野人獻曝的尷尬，一如下面這個故事。

有個男子很喜歡向朋友吹噓自己的打獵技巧，更好說自己的高明槍法可與神槍手媲美。有一天，朋友邀他一同去打獵，指著河裡的一隻野鴨說：「那隻鴨子就交給你吧！」

「好，沒問題！」男子自信滿滿地舉起槍，然後仔細地瞄準目標，跟著便是「砰」地一聲。

「啊！」

「打中了？」有人問。

「沒有，鴨子飛走了！」另一個人大聲地說。

朋友們尷尬地你看看我，我看看你，然而這時男子卻厚著臉皮說：「這真是太奇怪了，我還是第一次看見被打中的死鴨子會飛呢！」

好說大話，當然得自己承擔自打嘴巴的結果。

這男子爲了守住面子，將謊話硬拗，睜眼說瞎話，只是讓人更感質疑和否定。

人貴自知，不管是在什麼情況下，都要有幾分本事才說幾分話，不管是否爲了因應壓力或機會需要，待人處世都應該要實實在在，少誇誇其辭，如此人們自然會看見你我的眞才實力。同樣的道理，即使本事不足，只要自身不放言高論，也沒有人會大力否定你我的價值。

「大智若愚」的原則沒有人不知道，事實上越是天才獨具的人，越是想隱藏自己的天分。

人生中總會遇到關鍵時候，那時才是發揮才智的最佳良機。若是過度賣弄，讓對手知道了本領，有了早一步防備，想在關鍵時刻扭轉乾坤，恐怕就出現阻礙。不想被人發現自己的弱點，便要懂得收口不說大話的智慧，越想表現冷靜理性，越要有金口不輕易開的聰明。

用幽默的態度讓對方心服口服

想與人溝通或回應問題時，要多一點幽默感，多用點心思來尋找回應或回擊，才能讓對方輸得心服口服。

有位外交官被派到某個小偷橫行的國家，心想：「這裡的小偷真有那麼厲害嗎？我不相信，一定有辦法可以防範他們。」

於是有一天，他在口袋裡放了一個空錢包，並在裡頭裝了一張小紙條，上面寫著這麼一行字：「偷錢包的是豬！」

「我就不相信治不了你們！」外交官得意地心想，這下子肯定能把小偷好好地嘲弄一番。

準備妥當後，外交官獨自上街轉了一圈。在行進間，他很小心地防範著，結果小偷並未光顧，這讓他十分失望。

他頗為不屑地踱步回家，一進門便掏出口袋裡的錢包，並將紙條拿出來準備撕碎扔掉，但是當他拿出紙條時，卻發現上面的字已經被塗改了，寫著：「我今天偷了豬的錢包！」

外交官自以爲能捉弄小偷，卻被小偷反擺一道，由此看來，聰明反被聰明誤的外交官明顯不敵小偷的智巧。

那麼，智巧又該如何獲得？

有一位小提琴家竭盡所能地教育他的孩子，將自己傑出的小提琴演奏技巧和豐富的知識全數傳授給兒子。

他的兒子沒有讓他失望，不僅取得了非凡的成績，也有了傲人的成就。

有一天，小提琴家的老朋友對他說：「知道嗎？你兒子的演奏技巧已經超越了您啊！」

小提琴家滿臉自豪地說：「那是當然的，因為我從來沒有看過一位小提琴老師比得過我啊！」

聰明的小提琴家沒有直接點出自己的功勞，而是先讚美孩子的成就，接著幽默地帶出幕後功臣，導正了朋友的否定。

換個角度說，他的意思可解讀爲：「不必大剌剌地脫光讓人看見，也不必刻意設計讓人發現，聰明借助其他事物或方法來證明自己的能力，反而更能換得人們的信服與肯定。」

好像第一則故事一樣，想擺人一道，最好的方法是不動聲色。在嘲弄對方前，得先知道對方的行動計劃，而不是毫無準備就直接上場，否則只會讓人看見你性格急躁的短處。

想與人溝通或回應問題時，我們要多一點幽默感，多用點心思來尋找回應或回擊的好時機，如此才能讓對方心服口服。

童言童語常常是幽默妙語

把心靈回歸童心，無論外在如何催眠，不管外面世界如何變化，始終要像孩子一樣，幽默地面對真實的自己。

人生最大的智慧就是抱持著赤子之心，幽默地看待生命中的各種意外，面對生活中的一切不順心意的事情微笑面對。

教堂裡，小麗莎舉手發問：「請問牧師先生，如果我是個好女孩，將來一定能到天國嗎？」

「當然，我的好女孩一定能到天國。」老牧師說。

「那我的貓咪怎麼辦呢?牠會跟我去嗎？」小麗莎又問。

「不能，我的好女孩，貓咪沒有靈魂，牠不能到天國去。」牧師說。

「那麼我院子裡的那些牛呢？牠們能到天國去嗎？」小麗莎又問。

牧師微笑著回答說：「不能，我的好女孩，牛也不能到天國去啊！」

小麗莎聽了，又問：「這麼說，我每天都得跑到地獄去擠牛奶囉？」

在孩子的想法裡，世界就是這麼簡單，他們無法想像地獄天堂與現實世界的差別，就算我們說天上的雲是棉花糖做成的，他們也一樣會快樂地相信。

也因爲如此單純簡單，在孩子們的童言童語之中，除了能聽到讓人莞爾的可愛話語，偶爾還能讓我們領悟出一些幽默對答的智慧！

小女孩莎莎這天第一次和家人一同到教堂做禮拜，在教堂內，她比所有大人都還要興奮有精神。

結束後，祖父問她：「莎莎，妳喜歡不喜歡做禮拜啊？」

小女孩先是點了點頭，跟著嘟了嘴，然後很正經地下評語：「嗯，還算喜歡，因為他們的音樂很好聽。不過，爺爺，你不覺得台上偶爾出現的那個人，『廣告時間』太長了嗎？」

非常有趣的評論，可愛、坦白、直接之中，又帶著一絲幽默，值得我們遇到類似情況時借用。

宗教世界的儀式典禮之中，無一不是歌頌信仰的神，宣揚神的美好與神奇，整場不是說神的仁慈，就是大談神蹟，除此之外，反倒很少聽見讚揚那些默默發揚仁愛之心的活菩薩。

那麼，即使眞的到了天堂又如何？最後得下地獄又如何？無法預知的未來，想再多也無用。既然活在現世，本來就要好好珍惜當下。

想想才剛誕生的新生兒，怎麼懂得什麼神蹟？孩子的成長過程，又哪裡需要神奇的魔法幫助？

就像把牧師佈道的時間解讀爲「廣告時間」的莎莎，對她來說，做禮拜若能像參加派對一樣快樂歡喜，或許更能吸引她吧！

看似童言無知的回應，很多時候其實更引人深思。

對小麗莎來說，倘若眞的有天堂地獄，死後一樣是「生」，那麼，那些生活在世上時的現實問題不也一樣存在？因而看在她眼裡，牛隻會在哪兒出現才是最重要的。

從這類帶點嘲諷宗教意味的幽默故事中，我們更清楚明白，宗教信仰重在心靈寄託，過分要求信仰的喜好或忠誠，迷信神力，都只會讓人迷失了自己，失去了自己的主體意識。

童言童語常常是幽默妙語，無論信仰任何宗教神佛，都要把心靈回歸童心，無論外在如何催眠，不管外面世界如何變化，始終要像孩子一樣，幽默地面對眞實的自己。

孩子們的未來決定於現在

完全富足的生活供需，向來不是成就成功未來的最好支持，觀念正確的教育傳遞，才是幫助孩子成就未來的重要根基。

典獄長對一位老囚犯說：「喂！你待在這兒四年了，怎麼從未看見你的兒女來探望？他們對你真是太無情了！」

囚犯揮了揮手，十分體諒地說：「不，這真的不能怪他們！他們誰也不能離開牢房一步，又怎麼能來探視我呢？」

聽到這名囚犯這麼「幽默」的說詞，想必你也會感到啼笑皆非。再深入一點探討他的話中之話，聰明的人早想到了「上樑不正下樑歪」這句眞理。看似幽默體諒

親友無法到來的理由，實則道盡了家教失敗的結果。

相較於故事中囚犯的情況，有更多的孩子其實是在看似建全的家庭中，由於家長的價值觀教化錯誤，慢慢地累積了錯誤的生活態度，出了社會之後，自然以錯誤的價值觀處世。

再舉一個經常聽聞的情況，正可說明父母言行對子女的影響。

有位高官的兒子，闖紅燈被警察攔下來。

只見他高傲地說：「你知不知道我爸爸是誰？」

這名警察聽了，冷笑著回答說：「我只知道你闖紅燈，至於你爸爸是誰，我想你問你媽會比較清楚。」

佩服員警的機智幽默和秉公執法同時，卻也不禁替這個孩子感到憂心。姑且不論家庭背景帶給他什麼樣的態度觀念，光是無視交通規則硬闖紅燈的動作，就充滿著危險，一旦有任何狀況發生，受到傷害的終究是他的家庭。誰料得著硬闖過紅燈後，不會造成一個終生遺憾的悲劇？

再想一想，有多少父母不是載著孩子闖紅燈，或無視應該遵守的秩序，強行插隊、爭搶？

或許這些動作很平常，但轉身看著孩子們瞪大了雙眼，不知所措地站在父母身邊，耳濡目染間，他們其實也學會了「違規」與「爭執」，並從此誤認為這是「正確」的生活態度。

做任何動作之前，請多為孩子想一想，那不會耽誤我們太多時間。完全富足的生活供需，向來不是成就成功未來的最好支持，觀念正確的教育傳遞，才是幫助孩子成就未來的重要根基。

思考簡化，自然減少情緒化

情緒的主控權就在我們手中，無論別人有多少複雜的想法，只要能以簡單心思回應，那麼花招再多也難敵我們的冷靜。

在這個紛紛擾擾的時代，人與人之間充滿著爭執、衝突、競爭、交戰，許多無謂的爭執衝突，都是溝通不良引起的！

想要改善這種方式，就要將自己的複雜的心思簡化，試著用幽默詼諧當作彼此互動的潤滑劑。

哈比的狗第一次在大賽中奪冠，鄰居上前向他道賀：「恭喜恭喜，你終於拿到了第一名。」

哈比一聽，糾正他說：「不對，是我的狗得到第一名啦！」

鄰居發現說錯話了，連忙道歉說：「對不起，對不起，不知道這次您的狗兒得多少獎金啊？」

鄰居還以為這次問話不會有任何問題了，沒想到哈比卻極其不悅地回答：「先生！是我得到那筆獎金！」

是狗拿到第一名，是人獲得那筆獎金，哈比的強調想必讓不少人感到困惑。名歸狗，利歸人，聽起來似乎還蠻合乎名利均分的公平原則，但如此刻意的分別卻有些滑稽可笑。

好像下面這則故事的情況一樣，總是有人喜歡把狀況複雜化，讓原本簡單易解的問題變得困難重重。

在擁擠的公車內，有個中年男子拍了拍另一個年輕男子的肩膀，然後低聲地說：「你是克氏成員嗎？」

年輕男子搖了搖頭說：「不是。」

「那麼，請問你家裡有任何人是克氏的成員嗎？」中年男子又問。

年輕男子依然搖搖頭說：「沒有。」

「那你的鄰居呢？」中年男子不放棄，繼續追問。

「他們一個也不是！」年輕男子有些不悅地回答。

「好，那你的朋友或熟人呢？」中年男子似乎沒發現對方已經十分不耐煩的臉色，仍然繼續發問。

「先生，所有我認識的人，沒有任何一個是克氏成員，好嗎？」年輕男子斬釘截鐵地說。

「這樣嗎？那能不能請你別再踩我的腳了？」中年男子平靜地說。

這男子就和哈比一樣，面對問題時，很不懂得抓重點。

試想，如果年輕男子眞是他口中的克氏成員又如何？因此就可以找到立場不同的理由，和他爭執對抗一番？又或是因此而自認倒楣算了，繼續允許對方「踩腳」？

回顧第一則故事，名利該屬於誰並不重要，重要的是名利可齊享，大可不必分得那樣清楚，那不過更顯出一個人的小器。

第二則故事裡，是哪一派的成員也不必知道，被對方踩到腳，無論是有心還是無意，簡單看待，就把它視爲一個「不小心」，然後客氣地請他移開就好，實在沒必要再試圖尋找一個衝突點，讓彼此更添不必要的情緒對立。

好比現實生活中的青年鬥毆，多少人不過是一個眨眼，就被人視爲「有心」挑釁的動作，引發莫名的風波與爭執。仔細想想，如此待人，最終損失最大的，還不是自己？

不要老怪別人來招惹，情緒的主控權就在我們手中，無論別人是否有所圖謀，或有多少複雜的想法，即使原本有心計較，只要能以簡單的心思回應，那麼對方花招再多也難敵我們的冷靜。只要能理性應對、幽默看待，堅持不與人爭執，他們也難挑起爭鬥的情緒。

凡事輕鬆看待，也輕鬆看淡吧！

不愉快只存在轉眼間，仔細想想，事過境遷之後，許多事便根本不復記憶了，不是嗎？

以謙卑心態面對自然

學會了如自然般的包容關愛，並幽默看待一切，我們不僅可望因此得到更多自然助力，還能看見蘊藏在你我身上的真智慧。

一群獵人正在談論狐狸的狡猾與聰明，有個人卻反駁說：「不對，以我看來，真正狡猾的動物不是狐狸。你們知道嗎？前不久，我發現看起來像狐狸的腳印，追捕了整整一天，最後才把那隻畜牲打中。」

友人問：「那還不狡猾？你追了一天才抓到耶！」

「聽我把話說完嘛！你們可知道最後我發現什麼？」獵人得意地問。

聽眾一個個都搖頭表示不知道，這時獵人才說：「是啊！你們怎麼會知道？那時我走近一看，發現那狡猾的小傢伙居然是我家的笨狗！」

跟著獵人的腳步，不知道你跟著發現了什麼？

或許你已領悟到了，原來世上萬物以動物最狡猾聰明，至於自以爲聰明的人們，則老是在不經意中表現了自身的愚笨。

在省思這個道理前，我們不妨再看下一例，然後再冷靜且理性地省思一下自以爲是的「自己」。

在湖邊，有個男子發現一名釣客的行為有些怪異，忍不住上前詢問：「先生，你為什麼要把這瓶藥倒進湖泊裡呢？」

男子冷靜地說：「是這樣的，我正在餵牠們胃藥，因為我發現這裡的魚兒胃口似乎不太好，你看我特地調了那麼多美味的魚餌，牠們硬是不肯吃，我想肯定是腸胃有問題。」

讀罷這兩則幽默卻也諷刺的小故事，想著時時自喻爲萬物之靈的人們，更讓人

忍不住深思。

獵人跟了老半天，結果卻連自家的獵犬也不能分辨，再聽著男子猜測魚簍空空的原因，頓覺人類面對自然的無知與自大。

在這幾個小小的趣味故事中，分享者想告訴我們的道理如下：「不要輕看自然萬物，相較於人，生命生生不息的運行更加偉大，人類始終得從自然萬物的身上學習成長。」

因而，面對自然萬物，不要用人類自私偏頗的角度觀看，而是要學習謙卑低頭，那不僅能讓人看見自然的包容力，更能讓人更進一步從中學會知足與珍惜的道理。學會珍惜知足，學會了如自然般的包容關愛，並幽默看待一切，我們不僅可望因此得到更多自然助力，還能看見蘊藏在你我身上的眞智慧。

06.

不要讓自己的幽默太過火

輕鬆生活不代表可以隨性作為，幽默也不可過火，唯有能保有自己的真性誠心，才能期待良善社會環境的建立。

真心對人，才得人真心以對

要求別人付出的時候，請先想想你是否也願意付出吧！若不能主動張開雙手，又如何能得到他人的擁抱回應？

如果你是一個喜歡分享愛的人，一定認同這個道理：「愛人者人恆愛之，敬人者人恆敬之。」

這絕非陳舊的老話，而是永恆不變的眞理。

這社會一直都是公平的，不會有人只能一味地付出，而得不到回饋，所以別擔心你的付出得不到人們的善意回應，首先應該擔心的是，自己待人的心是否眞誠無愧？

佐藤家與青木家是多年的老鄰居，說他們感情好也不是，說他們感情不好，又不大對，因為他們偶爾還是會互相「尋求幫助」。

好像這天，佐藤先生叫傭人去向青木家借錘子，傭人立即到青木家敲門：「您好，我們家的主人想向您借把錘子。」

「不知道你們要敲的釘子是鐵的，還是木頭的？」青木先生問道。

傭人說：「是鐵釘子。」

一聽到是鐵釘子，青木先生便說：「鐵釘子啊！唉呀！那真不巧，我們家的鐵錘剛剛被別人借走了。」

借不到鐵錘，傭人只能空手而回，如實地把經過告訴佐藤先生。佐藤先生聽完傭人的敘述，忍不住大聲嚷嚷：「什麼，真沒想到這世界上竟有這樣的吝嗇鬼！借個錘子，還要問釘子是鐵的還是木頭的，真是莫名其妙。哼！有鐵錘也捨不得借，好像被我一用就會壞掉一樣。」

「沒辦法，我只好拿自己的錘子來用了。」佐藤先生說著，便轉身從自己的工具箱裡拿出鐵錘。

傭人站在一旁，無言以對。

這是一則非常有趣的故事，兩家人看似是感情和睦的老鄰居，實際上卻同樣的自私自利。說得好聽是「互相幫忙」，結果卻是「相互利用」，雖然可說人之常情，卻仍讓人頗感心寒。

人與人之間的互動，原本就存在著一些利益需要，然而，像佐藤先生這樣一心只想著佔人便宜的心態，必定不是每個人都能接受。

親愛的朋友們，在要求別人付出的時候，請先想想你是否也願意付出吧！若不能主動張開雙手，又如何能得到他人的擁抱回應？

想看見人們以笑臉相迎，別忘了自己的美麗微笑，希望人們能以眞心對待，別忘了率先付出誠心。

用寬厚、幽默態度待人，必能得到肯定與回饋。

不要讓自己的幽默太過火

輕鬆生活不代表可以隨性作為，幽默也不可過火，唯有能保有自己的真性誠心，才能期待良善社會環境的建立。

維護社會環境，雖然人人有責，但我們絕不能只要求別人付出，卻忘了自己盡一份心力。

在責問別人為何不能為我們著想之前，別忘了要先想想自己，是否也時時刻刻都能關照別人的需要。希望能打造一個互動良好溫馨的人際社會，別忘了先從自己開始。

舍監來到宿舍視察，正巧碰見學生們在屋裡燒煤烤肉。

「天哪！窗戶和大門都沒打開，你們難道不知道這樣做很危險嗎？」舍監非常緊張地說。

「太危險了！滿屋子充滿二氧化炭，要是再沒有氧氣進來，你們可要送命了。」他接著又恐嚇道。

看著舍監滿臉驚恐神情，其中一位學生笑著回答：「放心啦！我們是植物系的，會吸二氧化炭，吐氧氣。」

學生們自以為幽默地回應，卻無視於自身安全，從應答中我們不難看見他們責任心的不足，以及仍有待加強的生活態度。

一個無視自身安全的人，當然也不會顧及他人的安危，仔細想想，自己是否也抱持著相似的錯誤態度呢？

取巧容易，踏實難得，機巧雖然容易讓我們獲得成功，其中往往也存在著險境，好像下面這則故事。

兩位法學院的猶太學生正在爭論一個問題，其中一位學生認為，學習法典的時候是不可以抽煙的，而另一位學生則持相反意見。他們各執己見，相持不下，最後只好找猶太拉比當裁判。

「拉比，我們在學習法典時能抽煙嗎？」持反對意見的學生先開口。

拉比聽了，生氣地說：「當然不行！」

這時，持贊同意見的學生走了過來，恭敬地對拉比說：「請問拉比，人們抽煙的時候，可以學習法典嗎？」

「當然可以。」拉比聽了，笑著裁決道。

換個方式說反而說服了拉比，然其中也存在著另一極爲重要的寓意：試想，只懂鑽法律的漏洞，豈是社會之福？

人生只有一次機會，好像第一則故事，懂得自然律例的人卻選擇違反自然之則，讓自己陷入危險中，怎不愚笨？

又如第二則教事，身爲未來律師，不懂直言誠實，卻想著玩弄巧智，這又豈是大衆之福？

人生能走往對的道路並不容易，稍有偏失便墮險惡之林，正因爲如此，更要時時提點自己正確的生活態度與嚴謹的人生方向。

輕鬆生活不代表可以隨性作爲，幽默也不可過火，唯有能保有自己的眞性誠心，時時提醒看見正念心性，如此，才能期待良善社會環境的建立。

失戀是最好的成長試鍊

感覺不對了，就別再強求，學會放手，學會捨下，我們才能真正的打開心眼，去尋找真正屬於自己的伴侶。

你失戀了嗎？

若是，請認眞感受此刻心境，因爲聰明的人能從失戀的苦痛中，看清自己眞正想要的愛情樂園，並找出更合適的愛人方式。

有個失戀的人正愁眉苦臉地向朋友訴苦：「我愛的人拒絕了我的求婚。」

「沒什麼，我告訴你，女人的話有時候得從反面理解，她說不，有時候是意味著好。」朋友如此安慰他。

「可是，她沒說不啊！」失戀的人說。

「不然她說了什麼？」朋友問。

「她說『呸』。」失戀的人說。

絕妙的一聲「呸」，雖然狠心，但倒也簡單明瞭。這樣的感情結束其實也算是一個好的結果，至少男人不必繼續愁眉苦臉地等待女人的回應，更不必空自期待美好的結局。

既然對方不喜歡，那就再找下一個戀人吧！愛情的道路上不會只有一個選擇，眼前人若不是對的人，就別再癡纏了，不然會讓自己被困在愛情迷陣裡，遲遲找不到眞愛。

某間雜誌社正舉辦一場徵文活動，題目是：請以最短的文字，敘述你的一次戀愛經過。

不久，他們收到這樣一篇文章：「開始：我心裡、眼中只容得下一個她；過程

中：母親叫我向東，情人叫我向西，我必定選擇向西；結局：愛人結婚了，新郎不是我。」

曾經執著的唯一，曾經以爲只有對方才有全世界，漸進至失去了愛人的心，這轉折的確折磨人。但往好處想，若能從中看見自己眞正的需要，相信未來的路仍有更多美好。

新郎不是我，正代表著與這份情感無緣，若是勉強求愛，最終一樣會走到不得不分手的路。畢竟愛情不是單一方的事，如果不是兩情相悅，即使郎才女貌也無法看見幸福。

心是騙不了人的，或許騙得了別人，但肯定騙不了自己。感覺不對了，就別再強求，學會放手，學會捨下，我們才能眞正的打開心眼，去尋找眞正屬於自己的伴侶。即便他們的答案很傷你心，也請別再傷心，而以感恩心面對，並以幽默解嘲，因爲走出錯誤的愛情，會更懂得什麼才是眞愛。

尊重別人等於尊重自己

學習尊重他人不難，而且相當必要。因為學會尊重他人，也等於學會了尊重保護自己的智慧和人格。

沒有人不希望時刻感受到別人的尊重，也沒有人喜歡自由與自主權被侵犯。所以，在觀想自己不喜歡的情況時，別忘了替換到他人身上，因爲人同此心，心同此理，期望別人尊重我們之前，不能忘了自重。

有位美國太太正在英國旅行，這天她選擇搭火車前往目的地，由於在位子上坐太久了，便起身走進了一間吸煙室，心想：「那裡的空間比較大，應該比較舒服。」然而，很不巧的，裡面有個英國紳士正在抽煙。

美國太太安靜地坐了一會兒，但坐越久便吸進越多的煙味，讓她的身體越來越覺得不舒服。

為了阻止這位英國紳士繼續抽煙，她便開始故意打噴嚏和咳嗽，以示對煙味的厭惡與不適。然而，不管這位美國太太的動作或聲音多大，英國紳士始終都未加理會，看起來根本不打算把煙斗放下。

最後，美國太太忍不住說話了：「先生，如果您是一位紳士的話，應當知道，在女士走進了這節車廂之後，您就應該把煙放下了。」

這位英國男子聽了，卻微笑道：「夫人，如果您是一位優雅夫人的話，也應當知道，當有位紳士坐在這裡抽煙的時候，您就不該再走進這節車廂了。」

你認爲誰的說法才正確？還是你覺得兩個人都不對？

答案當然見人見智，然而若從尊重別人的角度來思考，明知該處是吸煙間，卻偏偏選擇走進的夫人，其實是不對的。吸煙區是癮君子們唯一的去處，當然要尊重他們的使用權。

既知自己不喜歡煙味，何不退回到屬自己的地方呢？

不難發現，現實生活中許多人也會犯下同樣的錯誤，把侵犯他人的自由視爲理所當然，以爲這樣做並無傷大雅，實則已損害了自己與他人之間的情誼。

學習尊重他人不難，而且相當必要。因爲學會尊重他人，也等於學會了尊重保護自己的智慧和人格。

這樣的人，當然較受歡迎。

心態決定事情的成敗

心態決定事情的成敗，處事只在態度，若不能嚴謹進行，不能以正確的態度對待，與其行動，不如不動。

工作成敗關乎態度，生活好壞也關乎態度。錯誤的態度常引人走進生活危機，也常帶著人跨入險境。

跨出腳步之前，請先檢視我們的決心，也請先檢視你我的態度是否認真。少了這些，想成功恐怕難如登天。

上級下了指示，要各省在某個期限內讓文盲消失，但是，到了期限的前兩天，有個人卻急匆匆地跑到村長那兒，說他還不識字。

村長一聽急著跳腳，大罵道：「你說什麼？你會不會太過分了！不識字為什麼不早說？只剩兩天時間而已，你知道嗎？」

這個人解釋道：「對不起，因為我腦袋笨啊！」

村長說：「那你要我怎麼辦？現在已經一個文盲都沒有了，就只剩下你一個人，你真是搞破壞的！快快快，你快去找掃盲小組，求求他們幫助你，也許他們能在兩天內教會你一些字，讓你至少會一些字母。」

這個人聽了，搖頭說：「字母我早就認得了啊！每個人都只教我這個，我看了都頭疼。」

村長聽了，忍不住問：「什麼？那你會寫自己的名字嗎？」

「會啊！自己的名字我當然會寫！」這個人自信滿滿地說。

村長一聽，立即鬆了一口氣：「那沒事了，你回去吧！這樣也想當文盲？還不夠資格啦！我看你已經能教書了呢！」

這看似有趣的故事，實則能引得人深刻省思。

為了迎合配合上級的目標，底下的人們努力地教人識字，然而最終結果，真完成了嗎？

恐怕非但沒有，情況還變得更糟，因為不正確的教育態度，不只給了人們錯誤的知識認知，還引導他們往向錯誤的方向思考。

在上者以草率的態度教育人民，還讓文盲者以為會幾個字母就能教書，一代一代傳遞下去，結果會是何種情況？想必無須猜想便能預見。

心態決定事情的成敗，處事只在態度，若不能嚴謹進行，不能以正確的態度對待，與其行動，不如不動。

積極學習，夢想才有意義

幽默看待磨難，多爭得一次學習機會，即使得耗費氣力也值得，因為在那之後，終將換得更豐盈的財富。

空有夢想，卻不知道積極行動，將會引人迷失方向。

心中有夢，記得積極前進，人生路似長猶短，邁出的腳步一旦停滯，必然離夢想更遙遠。

一天，學生忽然對老師說：「老師，我常夢見我已經當上教授了耶！」

老師聽了，微笑不語。

「老師，我要怎樣做才能讓夢想成真呢？」學生問。

老師依然面帶微笑，說：「很簡單，少睡覺。」

很簡單的答案，卻也是最中肯的答案。「少睡覺」，才能減少「做夢」的時間，也才能把這些多出來的時間，踏踏實實地用於學習上。

學習之路難以錢計較，只要我們能認眞，少睡一分鐘，便能多踏出一個成功腳步。同樣的，每花一分力，終將收得物超所值的回饋。

若還不懂得這個道理，下面的故事也許可以給我們更多省思。

有個人想送他的兒子到學校念書，老師說：「好，我們可以收留他，不過你得交足二十法郎的學雜費。」

「二十法郎？這麼多啊！我可以用它來買一頭驢子了。」男子不捨地說。

老師看著男子，說：「假如你真的用這二十法郎去買頭驢，卻不讓孩子上學的話，那我保證，將來你家會有兩頭笨驢。」

許多人在衡量事物價值時，會習慣性地以金錢來計算，但你眞覺得金錢眞能估出事物的眞正價値嗎？

聰明如你，想必早知道是估不出來的，因爲萬事萬物皆有其有價與無價的一面。即使標價僅一塊錢，對喜愛的人而言就是價値非凡之物，反之，標示無價的物品，對使用不著的人來說，與垃圾場裡的廢棄品無異。

所以，別只想著那二十法郎，也別想著美夢，行動吧！

你我都知道，一個人的成就與學習機會是無價的，能爲自己多爭取一些時間，自然多進一步。幽默看待磨難，多爭得一次學習機會，即使得耗費氣力也値得，因爲在那之後，終將換得更豐盈的財富。

想不開，人生就不會精采

別讓自己困在一些莫名其妙的困境中，生活總會有些難關要走，要是想不開，你的生命就不可能太精采。

生活既是一種心靈的光合作用，也是一種心靈的享受。如果我們不能妥善運用智慧，使自己成爲生活的眞正主人，那麼我們就會因而淪爲生活的奴隸。

巴克嘆了口氣說：「我真是不明白，有那麼多人命喪海底，為何還是有那麼多人要出海呢？」

比爾冷笑地說：「是啊，我也真是不明白，有那麼多人在床上死去，但你為何每晚仍然要上床呢？」

非常有意的反思反問，害怕海難，所以拒絕出海，害怕空難，所以拒絕搭機，像這樣因噎廢食的人其實不在少數。只要仔細觀察，我們不難發現，這一類人其實也有著一種共通情況，那便是定見不足，容易被別人影響。面對環境改變，面對人生變動，稍不順心，這類人便退縮害怕，思考也越見偏頗！

仔細想想，給自己那麼多的設限，那麼多的阻隔，對自己又有何助益？只不過增添無謂的煩惱擔心罷了！

入世出世同樣都得爲生命找生存空間，上山下海同樣都有機會遇到意外困難，唯有明白世事難料的道理，我們才懂得勇敢面對人生困境，也才能自在快意地享受人生啊！

生命最高尙的呈現，不在那些浮誇的道德口號，或是否能冷眼傲看世俗，而是懂得尊重所有生命呈現的方式。

眞正的智者不會告訴我們怎麼做是不對的，而是會告訴我們，要珍惜每一種。

如果還是想不開，那麼何妨跟著印度隱士一同動動腦。

在印度，有看破紅塵的男子決定遠離人間，便來到森林裡隱居，唯一與世俗接觸的，應該就屬他身上圍著的一塊布。

在森林裡住了一段時間後，他發現森林裡的老鼠很多，麻煩的是，那些老鼠經常趁他睡著時，將他身上的布條咬破。弄到最後，他實在受不了了，只得下山向人們要了幾隻小貓來養。

只是有了貓，就得照顧貓的食物來源，這幾隻小貓很愛喝牛奶，因此他又不得不飼養一頭母牛來餵飽小貓們。

有了牛，總得有人看管，於是他請了一個牧童來幫忙看牛，接著新的問題又來了：「總要提供牧童一個居住的地方吧！」

是的，這位面面俱到的隱士請人蓋了一間小房子給牧童居住，於是俗事一件拖一件。隱士看見小屋完成時，不禁感嘆地說：「唉，原來是想遠離人世，沒想到俗事卻反而越來越多！」

想遠離世俗，卻未料招來更多俗世煩惱，其中不正暗喻著人們常見的迷思，明明離不了人間俗世，明明躲不開自身缺陷，卻偏偏要裝品格清高，偏偏故作聰明，用以隱匿心中的寂寞與自卑？

其實，入世出世都能自在生活，眞正的隱士不會離群索居，因爲他們知道，與其把自己封鎖於山林囚牢，不如以瀟灑自在的身影穿梭人間，反而更易獲得自由心靈與觀世智慧。

人始終切不斷與人群的關係，也大可不必斷絕切割，既然世事難料，那麼與其逃避閃躲，何不學著迎接面對？

覺得日子難過，就要求自己多一點輕鬆幽默，別讓自己困在一些莫名其妙的困境中，生活總會有些難關要走，無論天有多高，水有多深，人總免不了要飛上天際，總要潛入深海！

不如就多元地去嘗試吧，要是想不開，你的生命就不可能太精采。

07.

別用情緒處理事情

幽默一點，別再用情緒解題，也別輕忽了態度的重要，因為這些都是人們評斷的重要依據，稍有偏差，便難得敬重與肯定。

找答案不如先找解決方法

一件事情當中存在著許多面向，答案從來都不是最重要，重要的是我們在尋找答案的過程中，是否用對了方法。

遇上問題，大多數人都只想著答案爲何，卻不知道積極思考解決方法，因而讓事情越來越複雜，越搞越痲煩。

事實上，想得到答案不難，但能不能把問題解決又是另一回事，正因如此，聰明的人會想辦法讓結果走向自己希望的答案。

有位農夫在城郊附近買下一塊廉價的土地，為了能早日看見收成，簽約後，便馬上開著耕耘機到田裡工作。

然而，翻土的時候，他卻從地底裡翻出了一顆門牙。

「怎麼會有牙？真倒楣！」對某些東西有些忌諱的他忍不住停下來，嘟噥了一句，然後才繼續向前。

前進一百公尺後，竟又讓他挖出了一顆牙齒。

「這真是莫名其妙！」農夫越來越覺得困惑，再次遲疑了一下，接著安慰自己說：「也許是巧合。」

但是，當他再向前走大約三十公尺後，犁頭第三次從土裡翻出一顆牙。

「不對，不對！這其中肯定有問題。」農夫越想越不對勁，氣憤地吼叫起來，立即把車子開回家，並打電話要原來的地主說個分明。

電話中，他語氣極差地說：「這塊地是不是墳地？如果是，我要求您把錢立即還給我！我一點也不喜歡在鬼魂出沒的土地上工作生活！」

地主回答說：「先生，別生氣，也別擔心，事實上那裡原來是個足球場！」

這幽默的故事，引出了一個極重要的思維，那便是人們常犯的離題情況。

這地方原先是不是墳地，問問當地人便可得到最正確可靠的答案，但農夫並未這麼做，而是直接找地主要答案，我們都知道老王賣瓜、自賣自誇的道理，又怎能找到眞相呢？

至於地主，以低價隨便賣出，或許以爲用最快速度脫手就好，然而存在的事實始終存在，問題終有一天要被發現。

從兩位主角處理事情的方式，我們可以得到不少啓發，一件事情當中存在著許多面向，答案從來都不是最重要，重要的是我們在尋找答案的過程中，是否用對了方法。

其實，是足球場或墳場一點也不重要，重要的是這塊土地是否肥沃，又能否種出甜美豐碩的作物，不是嗎？

面對問題，別再離題了。不妨以幽默心態看待，是墳場也好，是足球場也好，重要的是，只要能努力耕耘，終能爲自己換得一塊良田。

主動出擊，機會才會屬於你

機會已在眼前，與其退縮等待，不如上前把握、確認，聰明的人總能在對的時間找到對的人，給自己一個幸福的愛。

這天，長相英俊的總經理問小慧晚上有沒有空，小慧心裡小鹿亂撞：「他該不會是對我有意思吧？」

小慧欣喜地想著，跟著連忙回答說：「我有……有……有空，有空！」

總經理聽了點點頭，隨即又說：「有空的話，晚上早點睡覺吧！免得每天上班時間打瞌睡。」

會錯意當然讓人尷尬，但至少一切猜想還隱藏心中沒有說出來，不至於表錯情。只是，像這樣的白日夢還是少做一點，畢竟連續劇裡那種誇張、戲劇性的機會在現實生活中很少見，即便眞的發生了，也是千萬分之一的機會。生活要踏實，追求愛情更要平實，如此，才能找到眞正的幸福。

面對愛情，除了不要有不切實際的幻想之外，不讓錯誤的想像耽誤自己，最好的方式便是主動出擊，主動證實那份「情緣」到底是否屬於自己！

麗莎愉快地來參加朋友的舞會，唯一美中不足的是，她沒有舞伴相陪，所以一整個晚上只能乾坐在角落，讓她感到無趣且無聊極了。

這時，前方有位瀟灑的男士朝她走來，麗莎看見了，心跳開始加速，心裡躍地想：「太好了，有人來邀舞了，我該怎麼表現才好呢？」

只見男子靠近後便問她：「小姐，請問妳要跳舞嗎？」

麗莎一聽，連忙站了起來，然後禮貌地說：「好，謝謝！」

當麗莎準備伸手之時，沒想到男士卻接口說：「好極了，那我就可以坐妳的位子了，妳知道嗎？我站在那兒很久了，腳實在很痠啊！」

在這樣的場合，不管男人女人，無不希望自己能成爲衆人矚目的焦點，也無不希望能被人欣賞、邀舞，若是希望無法達成，就只能躲在角落自艾自憐。

其實，故事中麗莎雖然表錯情意，尷尬不已，但換個角度看，故事中的男人不也同樣是朵「壁花」？男子坦白「站立許久」的話，以及玩笑式地坦誠腳痠，不正說明了他正在尋找目標？

這時，聰明的麗莎該做的，不該是氣惱男子不解女人的心，應該試著主動出擊，主動地捉住機會才是。

畢竟機會已在眼前，與其退縮等待，不如上前把握、確認，譬如找出男子腳痠的原因，或許他是因爲不知道該如何邀請女生，才想出了這麼一個藉口搭訕啊！

愛情沒有什麼遊戲規則，想愛就愛，愛得太辛苦太累了，就學會放下，不想愛就學會放手。只要兩個人好好溝通，不相互爲難，聰明的人總能在對的時間找到對的人，給自己一個幸福的愛。

謙虛面對己過最讓人敬重

學會面對己過，學會承擔責任，一點也不難，更不會因此而折損我們的威嚴或自信。

看看世上那些偉大的人，從未汲營於自己的名和利，卻能得到人們長久的尊敬肯定，方法無他，正在於他們不只懂得謙卑低頭努力付出，更懂得謙虛表示自己的不足處。

此外，犯錯後，他們比我們更勇於面對，因爲深切知曉，唯有先看見自己過錯，才能更見未來的進步與人生的坦蕩。

截稿日在即，伯拉教授正忙著完成一篇學術報告。

「親愛的，我的筆放到哪兒去了？」他忽然著急地問道。

妻子冷冷地回答：「親愛的，它現在不是正夾在你的耳朵上嗎？」

「耳朵？你沒看見我快忙死了嗎？妳能不能說得具體一點，筆究竟夾在哪一隻耳朵上啊？」教授再次著急地問。

妻子一聽，勃然大怒：「難道你的耳朵沒有感覺？」

看了這段小故事，想必引起女人不少同情，想想遇上這樣不可理喻的男人，還是一輩子的伴侶，誰忍受得了？

聰明的人都知道，把自己的責任往外推，不懂得負責，我們便難自在行走於人生旅途。下面這則故事，在幽默回應中隱含引人深刻省思的道理。

有位老紳士悠閒地駕車在路上兜風，但好心情並未維持太久，由於他誤闖單行道，很快地便被交通警察阻攔下來。

老紳士的車被警車圍住，逼得他不得不把速度降低，直到車子停下來。

交通警察上前問他：「知道我為什麼攔住你嗎？」

「那還用說，我是你唯一能追得上的車呀！」老紳士不滿地回答。

莞爾一笑後，將故事中老紳士的反應對照現實，想想那些經常犯錯的人，不是很像嗎？當遇上自找的意外災禍時，面對悲傷的結果，往往只想著別人的缺失，卻不思己過，反讓自己更陷困厄中。

許多人在面對自己的問題時，都會像老教授一樣，總是習慣責怪別人，卻不檢討自己，明明是自己的疏失，偏偏要把別人也拖下來負責。

學會面對己過，學會承擔責任，一點也不難，更不會因此而折損我們的威嚴或自信。事實上，懂得承擔己責，面對錯誤懂得反省的人，必然能得人們更加的敬重與肯定。

別用情緒處理事情

幽默一點，別再用情緒解題，也別輕忽了態度的重要，因為這些都是人們評斷的重要依據，稍有偏差，便難得敬重與肯定。

凡事不要有兩套標準，更不要用情緒去處理事情，因爲聰明人會看見當中的盲點，從中發現你我的不足。一旦被看穿，我們想再得到人們的信服，恐怕又將多費一番功夫。

收斂自己的情緒，遵守遊戲規則，幽默的方式往往是爲人處世的最好方式。

地理老師提了一個問題：「哪位同學知道，在什麼地方常見煙霧繚繞？」

只見小吉米立即舉手說：「離我爸爸嘴邊不遠的地方。」

小吉米的誠實答案，想必逗得許多人會心一笑吧！離爸爸嘴邊不遠的地方，正是世上最常煙霧繚繞的地方，一點也沒有錯，不是嗎？

在討論當中的思維寓意之前，我們再看看下面這一例。

有個足球迷因沒買到票，只好爬球場外的電線桿上，觀看場內的足球賽。然而，才剛爬上去看了一會兒，便見一位警察朝自己的方向走來，那球迷一看，連忙從電線桿上爬下來。不過，警察卻示意他不用擔心，還擺擺手問道：「比數多少？」

「一比零，我們領先。」球迷回答。

只見警察微笑地說道：「好！你就在那兒看吧！小心別摔下來啦！」

說完，警察便轉身離開了，直到球賽即將結束前，才又走過來問：「現在幾比幾了？」

「一比二，客隊領先。」球迷在高處說。

想不到警察卻突然瞪大了眼睛，怒吼道：「什麼？那你還有心思在那裡看球賽？還不趕快給我下來！」

球迷聽了，急急忙忙爬下來。

然而，就在他爬到一半的時候，球場內忽然響起如雷的鑼鼓與歡呼聲，警察一聽連忙又說：「快快快！你快點上去，去看看是誰進球了！」

警察的作爲，相信讓不少人在苦笑之餘搖頭嘆息。事實上，以自己的心情處理事情的人，經常在你我身邊出現。

生活中，常常是越小的事情，越引人深思。

好像第一則事例，我們總是就近以最熟悉的生活爲依歸，累積自己的生活經驗。再看第二則故事，我們大都習慣了以當下的情緒作爲處世的標準，然而正因爲太過自我直接，往往失了處世應有的智慧。

身教重於言教，許多道理就在日常生活之中，但我們常因爲一時的慾念與執念而忘記遊戲規則的重要，一如第二則故事中的警察，爲了滿足自己的慾望而不執行職責，失望時又以情緒來解決，如何能得到人們的信服？

又如第一則故事，若是將來有一天小吉米也學起父親抽煙，身邊其他人想制止，恐怕也難以規勸。

作家雷普利爾曾經這麼說過：「幽默會帶來悟力和寬容，冷嘲熱諷則帶來深刻而不友善的理解。」

當現實環境不如預期的時候，何妨試著用幽默取代心中的怨懟？

爲人處世應該幽默一點，別再用情緒解題，也別輕忽了態度的重要，因爲這些都是人們評斷的重要依據，稍有偏差，便難得敬重與肯定。

看見藏在腦海裡的卓越創意

規規矩矩地附和配合，乖乖地聽命遵從，對任何人都不會件好事，只會讓生活失去精采。

我們知道，老天爺賜與每個人的，都是一顆蘊含無限創意的腦袋，但會因爲使用者的不同而有著不同的功效成果。

不能好好開啓運用的人，當然得不出聰明智慧，反之，懂得充分利用開啓的人，時時刻刻都能放出驚人的創意光芒。

老師正在發作業，當發到貝利時，忍不住質問他：「我要你們寫一篇關於牛奶的作文，我記得曾要求你們一定要寫滿兩張紙，但是，貝利，你的作文為什麼才寫這麼幾行字呢？」

貝利大聲地回答說：「老師，因為這是一篇關於『濃縮牛奶』的文章啊！當然要簡短囉！」

因爲「濃縮」所以「文短」，說得還算有道理，但絕不可能被老師接受，畢竟在這個創意思考裡存在著一點偏差，若給予肯定，就怕心智尚未成熟的孩子會自此走錯路。

但與其擔心，不如用較正面的態度和孩子共思創意，好比下面這個例子，雖然仍有些偏差，卻是極富機智的創意發想。

上地理課時，老師要求學生們必須將地球儀帶來。

但有個名叫湯瑪士的學生沒有帶來，因此當其他同學認真地轉動著地球儀，尋找老師提問的地理位置時，他只能呆坐在自己的位子上。

老師看見他這個模樣，有些生氣，忍不住要考一考他，讓他出糗，於是喊道：

「湯瑪士，亞馬遜河在哪兒？」

湯瑪士低著頭，什麼話也沒說。

老師更加生氣地問他：「你為什麼沒帶地球儀來，又為什麼老是低著頭？你到底在看什麼？」

只見湯瑪士抬起頭說：「老師，其實我有帶地球儀來，它就在我的腳下，而我低頭是為了找出亞馬遜河的位子，問題是這個地球儀實在太大了，害我看不見亞馬遜河到底在哪兒。」

跟著湯瑪士一同想像正被你我踩在腳下的「大地球」，是不是也激起你的童心趣味呢？這個創意回答十分讓人激賞，有多少人曾想像到自己腳下的大地球儀呢？恐怕很少吧！

每個人都擁有一顆聰明的腦袋瓜，只是有些人懶得去動，有些人則正好相反，極活潑好動地運用，因而寫下一則則創意非凡的傳奇。

其實，不管是濃縮牛奶還是大地球儀，兩則幽默故事在在說明了你我的腦袋的潛力無窮。規規矩矩地附和配合，乖乖地聽命遵從，對任何人都不會件好事，只會讓生活失去精采。

多動動你的腦吧！別害怕說出來的創意讓人鄙夷，更別擔心內心浮現的想法讓人不屑一顧，對自己要有信心，相信世界一切都在我們的腳下手中，任誰也否定不了我們。

坦白生活，方能自在快活

我們終究得面對自己，走自己的路。因此，與其瞞騙自己，不如坦然地面對心底的過，也坦白地對著他人承認己錯。

修飾過的錯誤，看似得到了隱藏，事實上依然存在，不只無法消失，更沒有人能眞正遮掩。

轉念再想，即使別人看不見，自己依然會看見。過著自欺欺人的日子裡，不覺得辛苦嗎？

小傑每次想向老師請教時，老是忘了尊稱一聲「您」。這天他又去找老師，並直說：「你能不能幫我……」

這一次老師臉色大變，生氣地說：「小傑，你怎麼老是忘了基本禮貌？你不知道向師長請教時，要用『您』來稱呼嗎？」

於是，老師罰他在練習本上寫五十遍「對老師要尊稱您」。

小傑乖乖地回到坐位上抄寫這段文字，抄寫完畢後，便拿去給老師。

老師看了非常高興，因為小傑一連寫了一百遍，於是微笑地說：「很好，你總算知道自己的不對了。」

「是的，所以呢，我多抄了五十遍，希望『你』別生氣。」小傑說。

讀到最後，想必讓不少人會心一笑。

老師以爲抄寫就能解決一切，沒想到早已習慣成自然的小傑，根本不知道反省問題的核心。

想必老師會忍不住嘆氣，眞是孺子不可教也。接下來，我們不妨再看看下面這個例子。

語文課時，老師要求每個人在回家之前要完成一篇小品文，只見伯特卡坐在桌前，拚命地抓著頭，手上的筆卻一動也不動。

好朋友瓦西里見狀，忍不住問他：「你怎麼滿臉愁眉苦臉，一個字都沒寫？有什麼困難嗎？」

伯特卡嘆了口氣說：「唉，老師要我們寫這什麼題目！『昨天我做了什麼』，我該怎麼說才好呢？」

「那有什麼難的？你昨天都做了些什麼？」瓦西里問。

「喝酒。」伯特卡說。

「你太死心眼了，改一個詞不就行了嗎？比方說，當你要寫『喝酒』這個詞時，就改成『讀書』，照此寫下去就得了。」瓦西里說。

「對哦！」伯特卡頓時茅塞全開，拍手稱好。

轉眼，便見他完成了作品：「早上我一起床就讀了半本書，不過之後，想了想，我乾脆把後半本也讀完了。接著，我忽然又想讀書了，於是我便出門又買了一本書回來。就在回家的途中，我遇見了瓦西里，我一看見他的眼睛，就知道，他八成也讀了不少書！」

思考以上這兩則故事，當中問題其實是相同的，無論是「你」還是「喝酒」，都是常見的自欺與執迷。欺騙自己完成了別人的要求，但事實上一切不過是虛應故事，執迷不悟，毫無認眞省思。

進一步思索之後，你是否開始有了不同的領悟呢？

生活是爲自己，不是爲了別人，我們終究得面對自己，走自己的人生道路。

因此，與其瞞騙自己，不如坦然地面對心底的過，也坦白且幽默地對著他人承認己錯。

能夠如此，我們才能看見眞正的進步。

享受付出，請先懂得給予

體貼地為對方多想一想，愛是互動的，單靠一方支持將是件極辛苦的事，道理和簡單的人際相處相同。

我們都習慣了等待別人的付出，特別是在情人的認知裡，總習慣把對方的付出視爲最佳的愛意表示。但，你眞覺得一味的付出是合理的嗎？

兩性相處虛虛實實，與其期待情人付出，不如率先眞心給予，聰明且積極地把握正捧在手心的愛。

年輕的妻子換了一套新衣服，然後轉身問丈夫：「你喜歡這件衣服嗎？」

「眞難看！妳快去把它退掉吧！」丈夫說。

「是嗎？嗯，可是這已經不能退了耶！」妻子失望地說。

不過，轉眼卻見她眉開眼笑道：「這是我三年前買的衣服，既然你不喜歡它，那你就快點陪我去挑件好看的吧！」

很寫實的畫面，女人和男人常因爲價値觀不同而起衝突，但是疼惜女人的男人大都選擇忍耐，或者以幽默態度應對，因爲知道再多計較一些些，兩個人恐怕要開始冷戰了。

反思另一方，雖說女爲悅己者容，女人們本就可以爲這個理由而用心打扮自己，但凡事也要量力而爲，多爲心愛的他著想。

再舉一個例子，看看有耐心的悲情好男人如何面對老婆大人的驚人消費力。

男人正在教他的好朋友馭妻術，「昨天，老婆說要買件皮大衣，一直跟我鬧個不停，最後我只說了一句話，她就不再囉嗦了。」

「哇！真厲害，你說了什麼啊？」好友問道。

「我說，妳買吧！」男人哀怨地回答。

很妙的一句「妳買吧」，智慧化解夫妻相處僵局，當中充滿了無奈也幽默的包容心境。

當然我們依然可以相信，男人始終是愛著另一半的，若非如此，允諾的答案不可能說出口。

聽見這般體貼的應允，親愛的女人們，在渴望男人掏錢為自己購買奢侈品同時，是否願意體貼地替他們多想一想呢？

愛是互動的，單靠一方支持將是件極辛苦的事，道理和簡單的人際相處相同。想被擁抱，只有一個人願意張手是不行的，必須另一個人也願意張開雙臂，才能完成整個動作。

別再一味地要求對方付出，因為要多了總會要盡，等到那一天，才發現自己空有物質滿足，卻失去了愛的支柱，該有多令人遺憾啊！

欺騙自己，傷人又傷己

何必欺騙自己呢？凡事由多面切入思考，也聰明、幽默地進行多元省思，方能為自己找到最坦然誠實的美麗人生。

許多人喜歡用善意的謊言來幫人，但終究不是最好的選擇。無論善意還是惡意，欺騙都會造成傷害，因爲目的必定是爲了遮掩一個可能被發現的事實眞相。眞相始終存在，我們從欺騙開始，便免不了擔心受怕。

驗票員來了，威爾遜先生這才發現自己忘了帶月票。

於是，他對驗票員說：「我絕不是故意要逃票，請看看我這張誠實的臉，這就是最好的證明。」

「那麻煩你把臉伸過來，因為我的職責是在車票上打孔！」驗票員答。

聽著驗票員幽默回答的同時，也讓人禁不住省思著，人難免會有出錯的時候，即使是無心之過也一樣是過錯。大可不必非得爭執、保證，因爲他人看見的是我們眼前所犯的錯，而不是過往的誠信表現。

所以，錯了就錯了，不懂就不懂，不知道就不知道，沒必要誇口知道或懂得。一時欺騙容易，但往後卻得面對或擔心眞相被揭開，並不輕鬆。

教授說：「今天，我要和大家講解『什麼是謊言』，關於這方面的問題，我已經在我的一本學術著作《論謊言》中，做了十分詳盡的介紹。」

說完之後，教授停頓了一下，跟著又提問：「有誰已經讀過我寫的這本書？有的請舉手。」

話一說完，許多學生都舉起手來。

只見教授微笑著說：「很好，很好，看來大家對於『什麼是謊言』都有著切身的體會，因為……」

說到這兒他停了一下，然後才接著說：「因為這本書根本還沒出版。」

聽見教授說書還沒出版，想必會讓那些舉手的學生羞愧不已。

何必欺騙自己呢？也許騙得了別人，但最終我們仍得面對心裡的愧疚，再想想，心底擱著這麼一個疙瘩，不辛苦嗎？

人生苦短，有太多東西值得我們學習與面對，每一件事都是累積智慧的關鍵，不容輕忽。

所以，凡事由多面切入思考，也聰明、幽默地進行多元省思，方能爲自己找到最坦然誠實的美麗人生。

08.

用幽默將生活的框架突破

不想受困於「有限」的生活空間，便得讓自己擁有「無限」的心境與思考智慧，讓自己幽默一點。

鼓勵別人，等同於鼓勵自己

說真話雖然很好，但若是不能給人正面鼓勵，那還是別說，否則不只讓人傷心，還可能帶來負面效果。

肯定別人其實等於是肯定自己，因爲那代表著我們聰明識人，知道與他們相處互動的正確方法。

以正面積極的態度肯定他人，再以幽默的態度展現包容，我們的心境必然會帶動出積極的活力，進而讓你我的人生跟著也活潑躍動。

一心想當歌手的瑪麗亞，剛上完一堂聲樂課便急著問音樂老師：「老師，依您的專業來評估，我的聲音將來會不會有所成就？」

「如果遇上火警的話，妳的聲音應該可以派上用場。」老師回答。

極爲諷刺的方式，雖坦白卻顯得太不厚道，畢竟人總是渴望受肯定與鼓勵。再說爲人師表，若不懂得給人鼓勵，又如何能教出作爲積極的學生？

人與人之間，要懂得聰明溝通，如此才能眞正解決問題，不至於把狀況搞得越來越複雜麻煩。

男人正在為一件事煩心，一個勁兒地抽煙，左手一支，右手一支，輪番地抽，轉眼便見煙灰缸裡出現十幾根煙蒂。

妻子看了，驚叫道：「天啊！難道你不能找個更有效的自殺方式嗎？」

丈夫已經夠焦慮了，妻子卻還酸溜溜地斥責嘲諷，試想，這樣的方式，有助於問題的解決嗎？

當然不會了，正想著煩心的事，耳邊傳來的卻不是安慰聲而是斥責聲，心亂耳煩，任誰都會感到更加憤怒。

說眞話雖然很好，但若是不能給人正面鼓勵，那還是別說，否則不只讓人傷心，還可能帶來負面效果。

一如以上這兩則故事，自以爲幽默的否定，根本無法激勵人心，只會多添互動上的衝突與冷淡。

將心比心，如果你是瑪麗亞，願意繼續讓一個否定自己的人教唱嗎？

同理，丈夫已經很煩了，妻子還給他那般尖酸的回應，如此怎能增進夫妻之間的情感？

多爲別人想一想，好話不難說，多點鼓勵安慰並不麻煩。

人同此心，心同此理，學會給人鼓勵，我們也能獲得相同的鼓勵安慰。

真正用心，友情才能長存

想得到人們的友善回應，不是用計交換，而是要用心交往。如此，彼此間的情誼才能真正地長久、穩固。

人際互動若少了真心誠意，再有助益的拍檔也無法幫助我們獲得成功。當彼此的心裡各具私心，或是別有居心，表面看來合拍的隊友也必將在關鍵時刻露出自己心中的利己企圖，使成功的腳步無法繼續。

一位電影明星坐在一家飯店的前廳，這時忽然有個陌生人走到他的面前，然後莫名其妙地對著他大罵起來。

明星安安靜靜地看著他，並沒有做出任何反應或動作，任憑這個人怎麼侮辱，他都微笑以對。

想不到，旁觀人群中，突然有兩位女影迷走了出來，不僅痛斥那個陌生人，爭吵到最後，甚至還動手打了對方。那個人受不了兩個人夾擊，只好匆匆逃離現場。

明星見危機解除，還是自己的影迷熱情幫助，於是上前致謝，對著其中一位女影迷說：「妳真的用這隻美麗的小手打了那人一個耳光嗎？」

「是的。」女影迷神情得意地回答。

這位明星竟牽起她的手，在她的手背上深深地親吻一下。

另一位女影迷見狀，連忙說道：「我可是用嘴狠狠地咬了他一口呢！」

爲了能贏得偶像的青睞，爲了爭取到親近偶像的機會，女影迷可是用盡心機以迎合對方的心。

類似心計，其實不只存在於影迷與偶像之間的互動，在你我現實生活中，也不難看見，好像下面這個例子。

法朗士為自己的一隻手做了一個模型，然後將模型手放在辦公桌上。

有一天，有位客人來拜訪他，一眼看見桌上的模型，便驚訝地問：「先生，這是您的手的模型嗎？」

「是的。」法朗士微笑地說。

「天哪！就我來看，這隻手簡直跟雨果的手長得一模一樣啊！這可是天才的象徵哪！」

「怎麼說？」法朗士好奇地問。

「您看，您的中指指尖這地方很像，您再看看這裡，有一點點凹進去的地方……」客人誇張地比劃著。

法朗士一聽，大笑著說：「那是我受傷後留下的疤痕啦！」

客人這麼誇張地誇讚法朗士的模型手，行爲想必讓不少人嗤之以鼻。

天才之手與尋常人的手，眞有差別？

當然沒有，一切只是馬屁。

爲了迎合想巴結的對象，有些人總是愛用心機，巧言令色企圖換得對方的信任與喜愛，然而得到了一時恩寵又如何？

大多數人正因爲馬屁拍過頭，最終反而讓自己錯失機會。

有些人以爲只要自己懂得阿諛奉承，自然就會有很多朋友到他身邊，殊不知如此做，非但無法吸引新的朋友，就連原本可以交心的舊朋友，也會離自己遠去。

想得到人們的友善回應，不是用計交換，而是要用心交往。如此，彼此間的情誼才能眞正地長久、穩固。

至於面對他人處心積慮的巴結，且讓我們一笑以對。

不拘泥法則，才活得怡然自得

人們總要在危難中才能激發潛能，經歷各式挫折與磨難，才能學會聰明的生存技巧，一味受盡保護，那麼生存的力量恐怕會越來越弱。

有個男子問農夫：「你們家的豬都吃些什麼？」

農夫說：「吃我們吃剩的東西啊，再不然就是人們不要的蔬菜和果子。」

男子聽了，滿臉不悅地對農夫說：「先生，這個答案要你挨罰了！」

農夫滿臉困惑地看著對方，男子繼續解釋：「你聽好了，我是本區的人民健康守護專員，因為你用營養不良的東西餵養供人們食用的動物，所以必須處以一萬元的罰金！」

幾天後，另一個穿著整齊的人走來問農夫：「哇，這豬真肥，請問你都餵牠們吃什麼食物啊？」

「魚翅、雞肝、海鮮之類的東西。」有了前車之鑑，農夫謹慎地回答。

「什麼？好，那你要接受處罰！聽好了，我是國際糧食委員會的人，你知不知道，全世界有三分之一以上的人口三餐不濟？你居然餵養如此奢侈的食材，真是太過分了，今天我要罰你一萬元。」這個人說。

又過了數個月，農夫家出現了第三個人，這個人和先前兩個人一樣問農夫：「請問，這些豬吃些什麼啊？」

農夫聽了，無奈地說：「朋友，現在我每天都會給牠們十塊錢，牠們想吃什麼就自己去買。」

所幸農夫從前兩次經驗中學到了教訓，答案雖然讓人啼笑皆非，但卻不失爲一個好答案，充滿機智巧思，看似無奈的應付，卻是人們爲了保障自己以求生存的智慧應對。

人們總要在危難中才能激發潛能，經歷各式挫折與磨難，才能學會聰明的生存技巧，反之，若是一味受盡保護，那麼生存的力量恐怕會越來越弱。

不拘泥法則，才能活得怡然自得，我們不妨再從一位猶太人的遺言中，一同深思生命生存的問題。

有個猶太人生了好幾個孩子，有一個是失明的。臨死之前，他立了這麼一張遺囑：「我所有的財產只給那些身體健全的孩子。」

這遺囑的意思是，那個眼睛失明的孩子一毛錢也得不到，對此，不少人都責備他太不公平了。

然而，這個老猶太人卻說：「這很公平，因為我知道，其他人不管怎麼樣，都會幫我養活這個瞎了眼兒子。可是，其他的孩子，因為上帝保佑，他們將以健全的身體在社會中獨自且難以得到支援地奮鬥下去！」

猶太人的智慧常常引人深思，他們的思考角度總是與眾不同，在大多數人「理所當然」的角度裡，他們總是反向操作，這些反思互動常常讓人從中看見了多元的生命角度。

老先生決定不把錢留給視障的孩子，是因爲他了解人們具有「同情心」，知道以弱者之姿往往能得到人們的幫助與支援，無論走得多辛苦，只要需要幫助，總能得到人們的協助，而且那個視障的孩子自己也知道由於身體上的殘缺，所以「要比別人更加努力」！

反觀身體健全的孩子，因爲大多數人「理所當然」的思考，難以獲得人們的同情支援，所以老父親把一切留給他們。也因爲將一切資源都給了他們，所以他們再也沒有資格埋怨或放棄自己，而是要更加堅強獨立，知道珍惜機運，如果一切順利，更必須發揮友愛的心，照顧身障的兄弟。

當農夫用變通的答案應付酷吏，當老先生以逆向思考解開生存之道，一樣身陷困境中的人，是否也領悟出繼續生存下去的勇氣和智慧？

終日迷醉，只會錯過機會

不要再用酒精麻醉自己，人始終得清醒著面對生活。迷糊過日，只會讓人喪志墮落，即使好機會在眼前，也只能眼睜睜地讓它錯過。

有個男子喝得醉醺醺的，上樓時只見他一個不留神從樓梯上滾了下來，一路滾到大馬路上。左鄰右舍聽見叫聲，紛紛跑出來看是怎麼一回事，不久警察和救護車也趕到了。警察上前問男子：「發生了什麼事？」

只見這酒鬼迷迷糊糊地回答：「我哪裡會知道，我也是剛剛才到。」

看到這則故事，不免讓人想起新聞畫面上那些讓人啼笑皆非的酒鬼，醜態百出卻渾然未知的模樣，總是引人譏責聲連連，只是嘲笑歸嘲笑，不久之後這些酒鬼便又故態復萌。

酒精眞的害人不淺，再看看一個有趣的例子。

有個酒鬼喝得酩酊大醉，朋友們勸他別開車，但他執意要自己開車回家。

正巧，回家途中遇上警方臨檢，當即被發現違規酒駕。然而，就在警察準備酒測時，前方發生車禍，這名員警被同事叫去支援，於是對這酒鬼說：「你給我乖乖站在這裡！」

「哼，我為什麼要聽你的。」員警一離開，這名男子立即開車回家。

第二天中午，有一名員警來找他，一見面，員警便氣呼呼地質問：「先生，你昨天晚上酒醉駕駛被我捉到，還不快把證件交出來。」

男子一聽，立即反駁：「你胡說八道，我昨天一整晚都在家裡，根本沒見過你，哪有酒駕這回事！」

警察聽了，冷冷地說：「是嗎?那麻煩你打開車庫，讓我看一看。」

結果，男子打開車庫一看，赫然發現一台警車停在裡面。

故事是有趣的，可是現實生活中這類的情形常常是悲慘的結果。飲酒作樂、紙醉金迷或許可以得到一時暢快、遺忘，但醒來之後呢？

不要再用酒精麻醉自己，人始終得清醒著面對生活。渾渾噩噩，迷糊過日，只會讓人喪志墮落，即使好機會在眼前，也只能眼睜睜地讓它錯過。

其實，在眾人面前出糗沒什麼，既然錯已鑄成，只要我們不再找理由，不再閃躲，勇於認錯，也勇於面對，等到我們能清醒面對自己的時候，便是重新開始，展開新生活的最好時機！

學會笑看曾經有過的荒唐，然後學習用智慧面對生活的陰暗，想要清醒或是繼續迷醉，聰明人必會給自己一個聰明的選擇。

用幽默將生活的框架突破

不想受困於「有限」的生活空間，便得讓自己擁有「無限」的心境與思考智慧，讓自己幽默一點。

我們都習慣了把自己放在一個安全門裡，或爲自己畫一個框框，自我保護，然而站在這個門框中，你眞覺得安全嗎？

想讓心自由，就別把自己困在框框裡，因爲生命原本就充滿險途。請放心，你一定有足夠的能力避開危險，知道如何突破險境。

某大學在分配系所樓層時，將心理系與音樂系的教室安排在一起，這也使得心理系學生大感困擾，上課時都得關上窗戶，因為如果不這麼做，根本聽不清楚教授

們的講課內容。

不過，如此安排也有一些好處，好比這天……

音樂教室裡，正巧有位女同學在練習聲樂，時而尖銳高喊，時而淒厲哀嚎，與此同時，一位心理系教授正在為學生講解情感心理學。

他說：「喜劇和悲劇之間的距離，其實是很小的。」

「請問，這段距離有多小呢？」有位學生問道。

教授指著隔壁音樂系的教室，說：「大約十公尺。」

極有趣的比喻，想來學生們定能明白其中的差別，短短十公尺的距離，讓人明白了悲劇與喜劇之別。

由此可知，以幽默引導思路，往往能讓人有不同的學習和體悟。

下面這則故事，則是因爲職業病而帶出的有趣對話。

有一位數學教授在馬路上被一輛高速飛駛的汽車撞倒，肇事的司機不但沒有下車關心，還立即駕車逃逸。

交通警察很快便趕來了，詢問那輛汽車的車牌號碼，教授想了很久，然後說：「我只記得，就在被撞倒的那一剎那，看到車子上有一個方程式，好像是xy減去517，最後的差是24……」

在這簡短的小故事中，我們看見了這位教授的框限。他與第一則故事的教授極不同，前者靈活運用了自己的思考聯想，讓學生得到更廣的思考延伸與啓發，反之，後者則只能在有限的思考框架下做出反應。

仔細想想，其中有什麼值得深省的部份？

生活要多一點靈活空間，因爲所有事物皆是多元呈現的。限制的產生，不是事物本身，而是我們每個人觀想與省悟的角度不同，而得出「有限」與「無限」之別。所以，不想受困於「有限」的生活空間，便得讓自己擁有「無限」的心境與思考智慧。

萬事萬物皆在你我手中，十公尺之間何爲喜劇，何爲悲劇，抱持的態度不同，

便可能有多種結果。

那看似安全的環境，正可能暗藏著某一種危機，看似冒險的道路，也許反而通往安全之門。

無論如何，都要試著讓自己幽默一點，千萬讓自己的心境困在某一個框架下。

古羅馬思想家西塞羅曾經寫道：「幽默會給人帶來歡樂，而且，常常可以產生巨大的作用。」

想要提昇自己的處世競爭力，做人做事不一定要八面玲瓏，但是，一定要講究策略和技巧，幽默的談吐和積極的機智不只可以替自己解圍，同時也可以是和別人輕鬆溝通的工具。

多一點想像空間，生活更新鮮

給孩子多一點空間，其實也等於給我們自己多一點空間，讓彼此得以自由發揮生命最美、最真實的那一面。

很多時候，孩子比大人更懂得幽默。與其把大人的思考方式強加於孩子的身上，不如學會尊重他們的思考，才能眞正引導孩子走向正確的人生方向。不妨多給孩子一些空間，特別是想像空間。少說「這樣不可以」，而多以鼓勵代替，給他們肯定，大方地說：「這麼想眞的很棒！」

老師要學生們回家寫一篇作文，題目為「什麼是懶惰」。

作業收回後，老師很認真地批改，然而當他打開阿達的本子，卻看見第一頁是

空白的，第二頁仍是空白的，一直翻到第三頁，才看見阿達寫下了這幾個字：「這就是懶惰！」

這眞是一個很妙的解答，雖說他表達有誤，但就創意來說，如此的表現方式，還眞不是每個孩子都想像得到。

下一個故事的主角小湯米，在偷懶取巧的背後，其實也表現活潑另類的思考。

作文課上，老師要同學們寫一篇作文，題目是「我的狗」，並嚴格要求總字數不能少於一百二十個字。

小湯米想了一會兒，然後開始寫：「我家有一隻狗，名字叫波比。我很喜歡這隻狗，牠身體是黑色的，而頭頸則是白的。」

寫到這兒，小湯米停下筆，一字一字地數了數，發現字數還差很遠，忍不住皺了眉頭，心想：「哇！還差那麼多字，要寫什麼好呢？」

小湯米搔了搔頭皮，想了幾分鐘，然後才繼續寫：「我每天都會帶波比去公園裡散步，下雨時我就不帶牠出門了。」

寫到這兒，又算了算字數，發現還是不夠，他嘆了口氣，再寫道：「我常常幫波比洗澡，牠很喜歡洗澡，我也很喜歡幫牠洗澡。」

小湯米不斷地寫寫停停，但字數始終達不到老師的要求，這急得他直搔頭皮，一會兒看天花板，一會兒看黑板。

「波比很喜歡吃餅乾，所以我經常餵牠吃，可是，有時候家裡沒餅乾，我就不能餵牠了……」小湯米絞盡腦汁，想把字數湊足，但寫到這兒，卻怎麼也想不出下文了，他只好停下筆，呆坐在位子上。

忽然間，腦子閃過一個念頭，只見他提筆飛快地寫著：「當我想叫波比過來時，我就會喊道：『波比！』如果牠不來，我就再叫：『波比！波比！波比！』如果牠還是不肯過來，我就用力地叫喊：『波比、波比、波比、波比……』」

寫到這裡，小湯米數了一下，似乎還差兩個字，於是他毫不猶豫地又加了一個「波比」，然後再次數了數總字數，正好一百二十個字，一字也不少。

只見小湯米用力吐出一口氣，然後吹著口哨把作文交給老師，開開心心地去操場玩遊戲了。

孩子的世界天眞且寬廣，多叫幾聲「波比」雖然是爲了湊數，但那呼叫的畫面，不也讓整篇文章充滿了快樂的聲音和形象？

幽默，經常在日常生活中展現。

我們應當以不壓抑他人的想像爲準則，容許天馬行空的誇張想像畫面，因爲那正是引導啓發創意想像的極佳方法。

給孩子多一點空間，其實也等於給我們自己多一點空間，讓彼此得以自由發揮生命最美、最眞實的那一面。

所以，就讓孩子多叫幾聲「波比」吧！並試著用微笑和孩子討論他獨特的「懶惰」方式。

多以正面的態度和他們互動，未來，我們會從孩子的身上看見更具精采創意、充滿歡笑的新世界。

教育要靈活，學習才會寬闊

一味地跟從，或是態度不夠用心謹慎，自然會一再地誤入困境，甚至誤導他人走向錯誤的人生道路。

爲人師長的人，在給人方向時，記得思考要廣，不可只顧眼前，或一味地只會用舊思考模式教育他人。

教育別人前，要先測測自己的思考是否夠廣，又是否能接受他人的質疑與提問。能夠如此，才能激盪出最豐富的生活故事。

化學老師漢森在做實驗時，不小心被炸傷，學生們緊急送他到醫院治療，所幸搶救及時，很快地便轉危為安。

脫離險境之後，護士送他到普通病房安頓。

來到新的病房，裡頭已有一位病友，這位病人看見新病友進來，便關心地問漢森老師：「怎麼了？是被汽車撞傷的嗎？」

「不是。」漢森老師搖了搖頭，接著嘆了口氣說：「唉！這全得怪編印教科書的人，因為他們把元素符號印錯了。」

不能活用知識，卻怪責編輯者弄錯了，這豈是一個授業者應有的態度？又好像下面這則故事，趣味的答案，提醒了活化思考的重要。

有位小朋友提了一個有趣的問題：「老師，我有個問題想請問您，電話是怎麼撥通的呀？」

老師說：「這麼說吧！當你看到電話線的時候，你可以立刻與一條尾巴很長的獵犬聯想在一起，你拍拍牠的屁股，牠當然就叫了。」

「那無線電話呢？它又沒有尾巴，怎麼會叫？」小朋友不解地問。

「道理是一樣的，我們不過是換了一隻沒有尾巴的獵犬啊！」老師說。

沒了尾巴如何能叫呢？顯而可見，這解釋並不是個好例子。

教育是門大學問，不能隨便舉例解答，因爲孩子們活潑逗趣的思考想像，經常會想到你我沒有意識到的問題。與其隨意舉例，不如好好地以科學角度解說，更能引起孩子們的學習興趣，啓動他們的好奇心。

我們都知道，思考若不能活化，只一味地跟從跟風，半點也無助於進步與學習成長，就像第一則故事，只懂照本宣科，卻不知道科學實驗中「懷疑」和「謹慎」的重要，當然會誤觸意外。

思考與態度要靈活，我們的生命才會精采。一味地跟從，或是態度不夠用心謹慎，自然會一再地誤入困境，甚至誤導他人走向錯誤的人生道路。

別被錯誤示範扭曲了價值判斷

在完全還不懂什麼是對與錯的童心世界，大人們錯誤的示範，很容易誤導孩子的價值判斷。

別再用現實世界的虛華與複雜作爲教育素材了，爲孩子建立正確的生命態度，更重於告訴他們如何爭得成功地位。

好的生活態度才能帶出成功的腳步，有好的生命觀念，才會看見眞正充實富足的人生畫面，孩子們眞正需要的，正是這些。

一位態度高傲的母親對老師說：「我的孩子真是個天才，我總覺得他有許多獨特的想法，不知道老師是否也這麼認為？」

「的確，特別是當他該靜下心默寫生字的時候。」老師說。

每個家長都會以子女爲傲，這原本是件好事，但若是像故事中的媽媽，只挑孩子好的一面，卻無心發現尚有不足的地方，便不太妙了。畢竟一個只懂溺寵寶貝的父母，很容易讓孩子看不見自己的缺點，也容易爲孩子建立起錯誤的價值觀念。

家教關乎父母的教育態度，一如下面這則故事，天眞的童言童語背後，其實存在著可怕的教育危機。

數學老師對學生說：「假如桌上有三杯酒，我請你們的父親喝一杯，那麼還剩幾杯？」

其中有個小朋友馬上答：「一杯也不剩。」

老師搖了搖頭說：「不對不對，你沒有聽懂題目嗎？我再說一遍，桌上有三杯酒，我請你父親喝一杯，還剩幾杯？」

只見孩子滿臉無辜地說：「真的一杯也不剩嘛！」

老師搖了搖頭，嘆道：「唉！你懂得我在說什麼嗎？」

小朋友天真地回答：「老師，是你不懂我爸爸啦！你知道嗎？只要他看見桌上有酒，絕對是一杯也不會放過的。」

在完全還不懂什麼是對與錯的童心世界，大人們錯誤的示範，很容易誤導孩子的價值判斷。

以上兩則故事中的孩子爲例，在母親一味地認爲兒子是天才的寵溺中，在好酒父親的教育下，前者容易培養出自以爲是的態度，後者則很容易教出同樣偏好杯中物的孩子。

家庭是培育孩子心智最重要的環境，而心智的長成必須靠父母親的苦心培育，稍有偏差，孩子也會點滴累積。這些孩子日後想獨立時，若是沒有正確的人生態度與生活觀念輔助，將不只容易遇上挫折，跌倒後更可能不懂如何再站立起來。

給孩子富足的物質，驕傲的自信，不如幽默地教導他們學會謙卑，保持嚴謹的生活態度。如此，才能眞正盼到與孩子共享成功驕傲的時刻。

09.

不要把機智用在掩飾錯誤

要找一個好的藉口理由來掩飾錯誤不難，但問題始終存在，終有一天總會揭開，我們也無可避免要面對。

一句忠言勝過十句讚美

學著把人們的批評視為好心建議，然後聰明地將人們的意見聽進去，如此才能順順利利地成就美好的未來。

司機先生不滿地說：「豈有此理，你怎麼嫌我開車技術差，拜託，我開車已經有十五年的經驗了，怎麼可能很差！被我載過的人沒一個不滿意啊，我從來都沒聽誰說過不滿意的！」

客人問：「是嗎？對不起，請問，您以前在哪裡服務？」

司機先生滿臉驕傲地說：「我以前是開靈車的。」

聽完司機之前的工作經驗，想必聰明的人已發現他的問題所在。他的問題其實

很簡單，過去他聽不見批評的聲音，即使犯了錯，即使開車技術眞有問題，也不會有人提供意見，因爲坐在他車上的人都是些再也發不出聲音的人，於是，他一直認爲自己是對的，一直認爲自己是優秀的。

正因爲從未被人糾正錯誤，所以司機一直不知道自己的問題，即使有錯，也認爲是別人的錯，即使技術眞的不佳，也認爲是活人有心針對計較。

沒有人喜歡被批評，更沒有人喜歡被糾正，但是忠言逆耳，一味地讚美對我們無益，與其反駁，不如認眞反省自己是否眞的不足，或許更有益於自己未來的發展。反之，若是一味地選擇逃避或拒絕批評，只會落入錯誤的循環中，一如下面這個狀況。

火車一再誤點，導致火車站內擠滿了許多無法如期搭上車的乘客，部份月台上的乘客因為無法再退回車站內，因而與站務人員爆發了口角。

這時，有一名乘客大聲地質問站務人員：「我真搞不懂你們為什麼要排火車時刻表？」

沒想到站務人員竟然這麼回答：「其實我也不知道，不過如果沒印火車時刻表，你就沒辦法準確說出火車誤點的時間，不是嗎？」

「……」旅客瞪著站務人員，卻一句話也說不出來。

每個人都有情緒，可是面對人們錯誤指正時，聰明的站務員應該做的不是安撫或像故事中一樣自以爲幽默地辯駁，而是坦誠失誤並且誠心道歉，如此才能獲得人們的諒解。因爲，不管原因、理由多麼正當，推卸責任總是讓人不悅，能夠面對錯誤才能贏得旅客的信心和信任。

學著把人們的批評視爲好心建議，然後聰明地將人們的意見聽進去，如此才能順順利利成就美好的未來。

別忘了，沒有人是十全十美的，眞正的完人總要等到人生結束時，才從別人口中聽見他們如何無止盡地學習，如何積極地改進自己，終至完成一個讓人欣羡敬佩且無悔無憾的人生。

不要把機智用在掩飾錯誤

要找一個好的藉口理由來掩飾錯誤不難，但問題始終存在，終有一天總會揭開，我們也無可避免要面對。

倫敦皮爾德利街上有個馬戲團正在演出一個節目，告示牌上寫著：「男子將在這個玻璃箱內絕食三十天。」

這時，有位媒體記者隔著玻璃箱採訪那名絕食的男子：「請問，您為什麼要表演這樣的節目？」

男子回答：「只是為了混口飯吃！」

故事很簡單，卻也深刻地點出人們求生存時最常見的矛盾作為，用「餓」肚子的方式來「塡飽」肚皮，正點出了人們常見的思考偏差。

不少人都是這樣，常常說有好方法達成人生目標，但常見的卻是他們硬拗硬掰出一條看似光明的大道，實際上腳步卻是越走越偏，終至步入無法矯正的結局，一如下面這則故事。

森林管理員在林中抓到了一個偷獵者，管理員對著他怒斥：「你在這裡幹什麼？你不知道這裡嚴禁打獵嗎？」

偷獵者支支吾吾辯解說：「我……我知道啊，其實是這樣的，我最近遭遇到非常悲慘的事，原本打算在這裡自殺，唉，哪裡知道，正準備開槍自殺的時候，因為手抖得太厲害了，那子彈就這麼打偏，不小心打中了那隻野鴨啊！」

聽見偷獵者的回應，想必不少人會稱讚他反應靈活、聰明機智！只是，這樣的機巧用於掩飾錯誤，總是讓人忍不住要提出否定與反省，畢竟類似的情況已經太多，若是一再誤解誤用，只是徒添社會的負擔。

那麼聰明的你，從中是否得到任何省思啓發？

不管是爲了混口飯吃，還是眞有什麼生活上的困難，我們都不能合理化任何錯誤的行爲，畢竟投機就像毒品一樣，是會讓人上癮的，一旦誤食誤闖，要再回頭，可是比通向成功之路還難上好幾千倍！

我們都知道，面對自己的人生，要找一個好的藉口理由來掩飾錯誤不難，然而，許多人都忘了，錯誤遮蓋得了一時，但問題始終存在，終有一天總會揭開，自己也無可避免要面對。所以，與其把機智用在掩飾錯誤，苦思遮掩的方法，不如正面迎向問題的核心，如此我們才能選對人生的道路。

還不明白嗎？

想一想，最近你是否常想一步登天的事，又是否常欣羡那些僥倖成功的人？如果是的話，那麼快停止這些想像和羡慕，告訴自己：「那是他們的事，我有我自己的路要走，我知道，只要腳踏實地，對生活誠懇無欺，自然能正大光明且光榮驕傲地享受人生的成果。」

認真省思，不要老做表面功夫

遇到問題，不要只知道擦拭腳下的足印，要往遠方看去，既然錯印的足跡太多，那就下定決心一一清除乾淨吧！

有個小鎮某一年冬天發生森林大火，鎮民全力動員所有消防人力，卻始終無法控制火勢，原因是消防栓裡的水全都凍結了。

事後，議會開會討論如何防止發生相同的不幸事件時，忽然有位議員一躍而起，大聲地說：「本席提議，以後每當火災要發生的前三天，請負責人員先行將消防栓徹底地檢查一遍。」

這位議員說完話，立刻有人附議，最後的結果是：「全數通過。」

聽見「三天前」要做好防備動作時，想必讓聰明的你忍不住搖頭，甚至想笑卻又笑不出來吧！

看似問題解決了，事實上卻說了等於白說。然而，許多人不也經常如此，短視近利，思考淺薄，只看得見腳下的小石子，卻看不見遠方的坑洞？這樣的人只肯輕鬆踢開腳邊的石子，要他們再往遠一點的地方觀看，試著把未來的問題納入考量，他們總是說：「太遠了，我看不到！」

是真的看不到，還是只想等到事情再次發生之時，才臨時抱佛腳呢？

問一問自己，這趟人生路已經累積了多少「懊悔」，有多少次懊悔當初不能多想一層，或懊悔面對問題、解決問題時不能再用心一些？

這則故事諷刺意味極濃，關於人們短淺的思考能力，與欠缺責任感的態度，清楚地展現在我們眼前，下面這則故事也是如此。

今天，董事們一整個下午圍繞在「所有員工在工作崗位不得飲酒」這個議案上，非常熱烈地討論著，不時還有激辯爭論。

最後，他們終於通過了「禁酒令」！

這時，董事長舉杯說：「各位，讓我們一同為這個英明決定乾杯吧！」

「乾杯！」只見大伙開開心心地舉杯道賀通過這「禁令」。

收尾的「乾杯」聲讓人忍不住苦笑，在這個慣於做表面功夫的社會現象中，我們不只看見了人們一錯再錯的原因，也看見了自省自律能力的薄弱，正如第一則故事，大家都知道「預防災難」的重要，但是我們卻看不見人們認眞省思後的決心，反而是再一次證明「臨時抱佛腳」的習慣態度。

走出故事，我們不妨多看一看自己，想一想這一路走來，到底累積了多少「一錯再錯」的情事。

不想等到「三天前」才發現問題，不想錯誤一再重蹈，就給自己多一點改革的決心吧！遇到問題，不要只知道擦拭腳下的足印，要往遠方看去，既然錯印的足跡太多，那就下定決心一一清除乾淨吧！

懂得輕鬆溝通，就能進行良性互動

如果開會流於長官教訓或下屬報告，只會變得越來越公式化，互動自然難見熱烈。希望上下互動熱烈，懂得溝通，就能進行良性互動。

「你知道嗎？在南非某個部落有個很不錯的演講規矩，他們演講時必須單腳站立！」台下一個男子對著身邊的人說。

「為什麼？」朋友不解地問。

男子小聲地說：「因為，那個部落認為，冗長的說話對演講者本身和聽眾來說是有害的，所以演講人一站上講台便得單腳站立，只要另一隻腳一碰觸到地面，便得終止發言。」

男子的朋友冷笑一聲說：「如果我們敬愛的演講者老是把時間拖得那麼晚的話，

這個規則倒不失是個好法子。」

聽演講聽到想打瞌睡的經驗，想必不少人都經歷過，再聽見這個規矩，想必讓不少人忍不住肯定點頭吧！

其實，防治冗長談話的方法，畢竟只能治標不能治本，關鍵在於演講者知不知道聽衆的痛苦。

就演說者來說，不必怕話太多，該擔心的應是題材是否準備得夠豐富，是否懂得如何表現，才不致於讓演說變得空洞貧乏，讓人覺得無趣、浪費生命才是。

換個角度說，演講者應該增強演講內容，精進演說技巧，與其怪責聽衆不夠專心，不妨想想，爲什麼自己不能精采表現，讓人未察覺時間的流逝，或是讓人捨不得說結束呢？

還有一種情況與演講相似，那便是「開會」，當員工態度鬆散、活力缺乏時，公司便要開始思考，要怎麼推動會議才不致淪於「大拜拜」，而能眞正達到充分溝通與互動，這才是提升「執行效率」與「公司活力」的要點。

董事長問新上任的總經理：「每當各部門經理開會時，他們總是懶懶散散的態度，漫不經心且心不在焉的，不知道你是否已經想好辦法整頓他們？」

總經理胸有成竹地說：「這還不容易？撤掉記錄員，然後立出新的規矩，每次開會結束之後，我們才宣布要由哪位經理負責記錄。」

董事長一聽，頻頻點頭！

在這個事事講求效率的時代，公司領導階層總是要求員工們要有卓越的工作效率，要有超凡的能力，人力最好具多功能用途，但有些時候，領導者卻忽略了自己的責任。

或者，我們應該想想，爲什麼員工向心力不足，又爲什麼總是提不起勁？畢竟人是互動的，從互動過程中，總能找出原因和理由。暫時丟開上下關係的隔閡，暫時擱下工作進度的期待，無論任何情況，我們都不能忽略了人的重要性。

人是團隊中最重要的資源財富，如果連他們的心情、想法都不能掌握，又如何能產生團隊向心力？

看到員工顯得懶散、動力不足，領導者不妨先想想，是什麼原因讓他們少了動力，是不是溝通出了問題，或是其他不良因素讓他們失去了信心，甚至失去了前進的動力！

如果開會流於長官教訓或下屬報告，只會變得越來越公式化而已，互動自然難見熱烈。希望上下互動熱烈，希望能看見員工活力旺盛，那麼就放手讓他們表現自己，無論他們意見多不成熟，多不合乎市場效益，最重要的是，讓他們相信自己，激發他們工作的熱情活力。

如此一來，效率自然能展現，向心力自然能看見。

懂得輕鬆溝通，就能進行良性互動。

把話說得巧，效果會更好

想整治惡人，不必怒目相向，也無須正面對抗衝突，高明巧妙的譏諷或行動，不只大快人心，而且效果更好。

神父對著台下的信徒說了這麼一個故事：

很久以前，有一個可惡至極的大壞蛋，在他去世的時候，家人原本要將他土葬，但棺木才放入墓穴中不久，沒想到竟被大地吐了出來。

後來，家人決定改以火葬，但沒想到連火也拒絕合作，堅持不想沾附惡人的身體，火怎麼也點不起來。

家人想盡辦法始終無法讓屍體安葬，最後只好將屍體丟棄在狗群面前，好讓狗兒能將這個「棄物」解決乾淨。

悲哀的是，連那群狗兒也不願意碰觸他的屍身！

說完故事，神父最後做出了結論：「你們要小心哪！千萬不要落到像他那樣的下場。面對神，一定要忠實虔誠，如此一來，當你們蒙主寵召的時候，才能好好地躺在泥土裡面，祝融才肯幫助你們火化升天，狗兒也才會願意吞了你們的屍體，幫助你們重生！」

寓言雖然簡短，卻極其清楚地傳達了故事人物的「惡」，因爲天地不容，所以惡人連死也找不到安葬地，即使家人有心幫忙讓惡人早早入土爲安，但就連火和狗也不屑一顧。

聰明的人應該發現了，這添加的魔幻情節中其實偷偷藏了一個眞相。

那便是，萬惡不赦的人難得人們的原諒，至於家人們，因爲始終多了層血緣關係，不得不幫忙。

不過，若從另外一個角度而言，神父說的話未免太玄了，試圖用寓言闡釋道理，不見得有什麼效用，不如下面這位半仙說得巧妙。

古代有個性情暴戾的國王，有一天找來一位算命仙幫他卜算未來。

只見國王著急地問他：「我會在哪一天死去啊？」

「在一個節日裡！」這半仙毫不猶豫地回答。

國王一聽，吃驚地問：「你為何如此肯定？」

半仙微笑說：「當然肯定了！因為不論您在哪一天死去，對人們來說，那天都是一個『好節日』啊！」

半仙巧妙的話中藏話，在這似褒實貶的答案中，不只讓人讀到了智者的聰明巧辯，也讓我們明白了，想整治惡人，不必怒目相向，也無須正面對抗衝突，高明巧妙的譏諷或行動，不只大快人心，而且效果更好。

換個角度想，心念不正的人身邊處處都是敵人，無關天地容不與容的問題，更不關命理因果，而是這一類人幾乎沒有朋友，唯獨仇家敵人遍地皆是。

他們從不思考是否得與人和善，只想與人爭鬥，每個念頭轉動，都只想著怎麼害人，怎麼與人計較，試想，這樣又如何能得人和與善緣呢？

想預知死亡之日，不如好好走穩生時之日吧！

流傳多年的警世故事眞正的目的，不只是爲了嚇阻或阻絕意圖爲非作歹的念頭，而是要帶動你我深省，省思人生應該怎麼衡度，心念又要怎麼培養。

不管是否眞有天命神祇，回歸現實生活，我們都要好好呵護原有的單純善心，無論未來面對什麼問題，心靈受到多大的衝擊，都不能偏離這打從出生就擁有的「純眞心」。

太強勢，男人只會敬而遠之

女人應該多加學習充實自己，表現出真正的聰明與理性智慧，如此一來，才能讓男人心悅誠服地低頭認錯，也打心底依賴疼愛。

法庭上，被告忽然從坐位席上站了起來，喊道：「法官大人，為什麼審理我這案子的陪審員全是女的？」

「噓，沉住氣！」律師低聲要他冷靜。

「對不起，我實在無法冷靜，我也不想沉默，因為……因為……」

被告緩和一下情緒，最終嘆了口氣說：「唉，法官大人啊，雖然我常說對女人瞭若指掌，可是卻偏偏仍逃不出女人的眼睛。現在，這兒還一口氣來了十二個女人，天哪！那我還躲得了嗎？罷了，我認罪了！」

笑話中的男人因爲逃不出女人的眼光，所以招認自己的罪過，但仔細再想想，如果男人問心無愧，又哪裡會有這些害怕擔心？當然，倘若不就事件討論，單從男人女人的角色與觀點來看，的確，很多時候女人的敏銳著實讓人害怕，又有很多時候，女人們討論事情時過度感情用事，也讓人擔心害怕！

有些女人不是少根筋，而是懶得動腦筋，平時不願多用一點心去深思考慮，以致男人無法將她們擺進心中，有時更讓男人加速擺脫遠離，是不是呢？

我們再舉一例，這差不多是現代夫妻或情人常見的情況，表面上看起來是幸福的餐桌畫面，但裡頭卻也隱藏著危機！

先生剛剛下班，一踏進家門，老婆便迎上去溫柔地對他說：「晚餐我已經準備好囉！保證和昨天的一樣又香又好吃。」

先生聽了開心地說：「妳真是我的好太太。不知道我們今天吃什麼？」

老婆大人得意地說：「昨天的剩菜剩飯啊，你昨天不是一直說讚！」

「我……」先生聽了，也只能以苦笑應對。

老公無奈不再多說，似乎淡看老婆的無厘頭舉動，但我們卻難保證男主角內心世界沒有半點埋怨或嘀咕啊！

其實，想成爲好老婆、好情人一點也不難，就算是剩菜剩飯，也不必那樣坦白明說，只要花一點點心思，將昨天剩下的飯菜加點變化，不也就能再擺一桌美味的晚餐，還能在老公心裡再添「賢慧嬌妻」形象。

女人要懂得怎麼讓人疼愛、讓人不捨，而不是要讓男人面對妳便覺害怕、恐懼，或是不知如何是好。凡事過與不及都不好，太嬌貴，男人很容易感到厭膩；太強勢，男人肯定敬而遠之！

從正反兩面的笑話例子中省思，男人對女人的恐懼似乎提醒女人多加學習充實自己，表現出眞正的聰明與理性智慧，如此一來，才能讓男人面對女人時，不再是莫可奈何地害怕，而是心悅誠服地低頭認錯，也打心底依賴疼愛。

勇於負起責任，人生才走得平順

面對自己的問題，不要一味地逃避，不要只知道把問題歸給別人，必須先試著自己想辦法解決，負起應負的責任。

「為什麼你把先前的罪行又全推翻了呢？你不是已經全部招認了嗎？」法官生氣地問被告。

被告說：「是的，不過，我的辯護律師後來說服了我，他說，我無罪！」

類似的情況在現實社會中十分常見，不只在法庭上才會出現。日常生活和工作場合中，有的人爲了逃避責任，錯的硬說成對的，該負起的責任，總在第一時間推得一乾二淨，即使別人同聲指出他的問題與職責，也依然一副事不關己的模樣。

既然知道自己也有責任，就不要推卸，即使發生的情事不全然因為你，但何不試著發揮幽默感，勇敢承擔？對於懂得面對錯誤，也懂得承擔負責的人，人們從不吝於選擇原諒，甚至會因為留下勇於負責的印象，更加相信、支持。

「拉比，快來幫忙啊！我的雞窩鬧瘟疫啦！」有個村民向拉比求助。

拉比聽了，沉思一會兒，隨後便提出了一個辦法，那村民聽了法子後，便毫不猶豫趕回家解決問題。過了一星期之後，村民又來找他了，還大聲嚷道：「拉比啊！你的方法沒用啊！疫情一點也控制不了，情況越來越嚴重啦！」

拉比再低頭沉思，然後又教了他一個辦法。

那人再次接受拉比的建議，趕回家解決問題。

但是，過了幾天之後，村民又出現了，這一次他滿臉怒氣地說：「拉比，你的辦法根本不靈啊！還有沒有其他的法子呢？」

拉比點點頭說：「辦法倒還有，可是，你還有雞嗎？」

連第二個方法都不適用了，村民卻不思尋找其他法子，還是回頭找拉比求救，最後即使雞統統死光了，恐怕也只能由該村民一個人承擔了。其中問題的關鍵，正是因為村民「過度依賴」所致。回到現實生活中，我們不也經常如此？

發生事情時，許多人在第一時間都不自行冷靜想想解決的辦法，而是慌張驚亂地出外求援。若是事情無法解決，最終反省時卻從不怪自己，反而是把責任全推給好心幫忙的旁人。

仔細想想，你是否也曾如此？面對自己的問題，不要一味地逃避，不要只知道把問題歸給別人，必須先試著自己想辦法解決，負起應負的責任。

西班牙作家伊巴涅斯曾經寫道：「寧可讓鯊魚吃掉，至少還落個勇敢的稱號，比起像糞土般讓蛆蟲吃掉要有價值得多。」

如果連自己的問題都無法面對解決，就算好不容易等到一個絕佳的機會，恐怕連上帝也無力實現這個願望，原因無他，因為即使給了再多的機會，這一類人也不懂得伸手把握。

只要有心，幸福並不難尋

女人想從愛人身上要的東西都很簡單，一句「我愛妳」便足以讓她獻上一生心力為你付出；只要一個「擁抱吻別」，便能讓她心甘情願地以一輩子守護最愛的他。

有個男子到國外出差，工作結束之後，到機場買了回國的機票，同時也在機場內的電報局準備發給愛妻一封平安信。

寫完即將發出的電報文字，他把內容交給一位女服務員，並請她估價。當對方告訴他價格後，他算了算身上剩下的錢，這才發現還差一些，只好對女服務員說：「就這麼吧，把『親愛的』這幾個字刪除，我的錢就夠了。」

沒想到女服務員聽了，微笑地說：「先生，請等等！」只見那位女服務員拿起自己的手提包，掏出錢來說：「就這樣吧，讓我替您付了『親愛的』這幾個字的錢吧！你應該知道的，身為妻子最希望聽見丈夫這麼呼喊自己。」

多麼貼心的女服務，看著她爲男子的妻子守住幸福的呼喚，想必感動了不少女人吧！身爲女人老公的男人，看了這則故事不知道有沒有得到任何啓示呢？面對夫妻失和的場面時，聰明的男人是否知道該怎麼做了呢？

還不明白的話，再看看下面這個男人的例子。

「牠真是隻非常棒的獵犬，我要是沒有牠，恐怕無法出去打獵了。」獵犬的主人感激地說。

朋友聽了，不明白地問：「是嗎？可是我從未見您帶牠一塊出去打獵啊？」

獵犬主人說：「牠跟我去打獵？牠怎麼可以跟我去打獵，我若想出去打獵，牠便得乖乖待在家裡陪我的妻子才行，若不是牠陪著她聊天、看電視，或是逛街，我哪有機會出去打獵啊！」

男主人開玩笑地感激獵犬，其實隱約透露出這個男人的體貼，因爲他知道老婆害怕孤單，也因爲知道自己無法時時陪伴在妻子左右，所以爲老婆找了一個從不抱怨且忠心耿耿的好伙伴。

男人們只要有心，女人自然不會叨唸沒人陪伴，只要懂得體貼，老婆大人們自然會懂得貼心體諒老公們的忙碌無暇。例如，不得不晚歸時，親愛的老公們，何妨主動給老婆們一通電話，報平安並順便說句想念，相信家中再也聽不到爭執聲，夫妻關係也將因此更加緊密。

男人們常說女人心難猜，事實上，不是女人心難猜，只是他們總是把女人想得太複雜。所有女人想從愛人身上要的東西都很簡單，一句「我愛妳」便足以讓她獻上一生心力爲你付出；只要一個「擁抱吻別」，便能讓她心甘情願地以一輩子守護最愛的他。所以，關於女人要的幸福是什麼，從這兩則小故事中，聰明的男人們想必得到了不少啓發，對吧？

10.

用幽默的態度看待惱人的小事

恩怨情仇皆是生活中的小事，想擁有一段幸福圓滿的人生，就該幽默以對，別再讓生活中的小事困住自己。

知道錯誤，更要知道錯在何處

最理想的家教是幽默地讓孩子學會自我省思，不必責罰，便懂得面對己過，學習改進。

希望孩子能不再犯錯，期望孩子能走在正確的道路上，我們該做的不是嚴厲地告訴孩子「什麼可以，什麼不可以」。

最好的方法，是引導他們思考為什麼要這樣做才好，又為什麼這樣做是不好的。當他們犯錯，我們不必急著責罰，而是要讓他們知道自己錯在哪裡，又要如何才能不再犯錯。

歐達在踢足球的時候把窗戶打破了，父親氣得不得了。

最後，他決定：「我要把你關到雞棚去！」

歐達連忙抗議：「不行，我不會下蛋啊！」

爲了免除責罰，孩子總會想出千百怪的理由藉由來應付，然而在他們天眞的話語裡，我們除了聽見天馬行空的想像，更會聽見孩子們心智成長的缺失，並思考應當如何正確地引導。

馬克很調皮，父親經常揍他，但今天的馬克卻顯得有些異常，只見他咬緊了牙根，忍著痛，不再像從前那樣向父親求饒。

直到被教訓完畢，馬克才惡狠狠地說：「你打啊！再打啊！你愛怎麼打就怎麼打，我發誓，將來一定會向你的子孫報仇！」

如此沉重且充滿仇恨的話，不知道給了你什麼樣的啓發？

孩子的世界單純也直接，然而正因爲過於單純直接，不懂檢討省思自己的過錯，就像馬克的回應一樣。被責罰的時候，沒有思考自己的問題，而是惱怒地想著挨打的疼痛，進而心生怨恨。如此心思，若不能及時導正，未來恐怕會導致危機。

教育孩子，可以時而正面，時而反面，重要的不是我們用哪一個面向去教育他們，至關重要的是，能不能教導他們以正面的思考邏輯去面對過錯，並懂得時時反省，自我糾正。

其實，責罰只是一個方法，也不是絕對或最好的方法，因為最理想的家教是幽默地讓孩子學會自我省思，不必責罰，便懂得面對己過，學習改進。

不要急著把怪責孩子的過錯，而是要讓他們知道自己錯在哪裡，並且明白怎樣的作爲與態度才正確。

幽默引導的成效，會較一味責罰更高。

幽默，讓學習積極活潑

肯定鼓勵的方法才能挑起學習熱情，想帶動別人的學習興趣，更要以積極幽默的方式引導。

學習是互動的，多了主觀的認知與態度阻礙，便很難有充分的溝通與交流。所以，身爲教育工作者，不只要懂得如何教學，更重要的，要知道以客觀態度引導學生積極學習。

好的老師懂得關心學生，更懂得幽默教學，因爲他們知道，風趣幽默的方式最能吸引人，挑起積極學習的意願。

學生們最害怕英國文學課的老師，因為他對成績的要求極為嚴格，除此之外，大家更害怕分發考卷的時候。

因為他是以分數高低來區分，分送考最高分的試卷時，他會舉在頭頂上交給學生，次之的，就放在桌子上讓學生自己來拿取，再次之的，就放在膝蓋上讓學生來拿，再次之的，就放在地板上讓學生自己取回。

這次期末考卷照往常分發後，卻還有三名學生沒有拿到考卷，他們只好上前請問老師，自己的考卷到哪裡去了？

只見老師冷冷回答：「要考卷嗎？麻煩你們半夜時分再回到這間教室來，因為我把剩下的考卷埋在講台下。」

這確實是十分可怕的方式，看似公平，實則一點也不顧及學生的顏面。若說嚴格是好事，但從人性的角度思考，如此態度與方法只會造成學生的反感、反彈，更無法愉快地學習英國文學。

畢竟，老師挑起的不是學生們的省思，而是恐懼和反感，當然難以得到好的學習結果。如果這位老師能學學下面這位化學老師的教學方式，或可讓學生更樂於積

極學習。

化學老師在黑板上寫了一個化學分子的程式，然後叫了一位學生的名字：「約翰，你來說說看，這是什麼分子的程式？」

「是……那個……是……」約翰似乎想不起答案。

「答案是什麼？」老師又問了一次。

「它……其實就在我嘴邊，我……」約翰心虛地說。

老師聽了，忍不住笑出聲道：「那你還不快點把它吐出來？要知道，那可是鹽酸哪！」

多妙的「吐」字，老師沒有直言指正學生的問題，而是幽默地提點學生所學不足，讓人更覺學習富趣味。

以第一則故事爲例，當老師只以分數成績作爲品評學生的標準，或是以此來揚好貶壞，學生之間的落差將變得越來越大，特別是那些對這個科目已經感到興趣缺缺的學生。

第二則故事中，「吐出鹽酸」的幽默隱喻，才能真正加深學生的記憶。

從中反思，聰明的人都知道，肯定鼓勵的方法才能挑起人們的學習熱情，想帶動別人的學習興趣，更要以積極幽默的方式引導，如此，更能點燃學習的意願與自信。

多引導，才能使孩子多思考

孩子提出問題時，與其直接給答案，不如引導他們思考，鼓勵他們勇敢地說出心中想法，即使答案不對也無妨。

小明很想要一部全新的電腦，父親帶著他到電腦商場逛逛，忽然小明指著櫥窗上最貴的一部說：「我要這一台。」

小明的爸爸看了，很為難地對他說：「孩子，這一部電腦可要花你老爸一整個月的薪水啊！」

小明點了點頭，然後乖巧地說：「沒關係，我可以再等一個月。」

每個孩子的心中一定會有數個希望、想望，然而面對現實情況，要如何不讓孩子希望落空，讓他們對夢想熱情不減，便考驗大人的智慧了。

一如小明的情況，經濟困難有經濟困難的解決辦法，不該一味地苦撐或硬擋，因爲那並不能眞正把問題解決，只是讓孩子多添錯誤的期待。

我們都知道，「結果論」的教育方式容易出現偏差，那不只無法培養孩子獨立思考的能力，還會讓孩子產生錯誤的價値觀。

教育孩子的話題總是說不完的，我們再看看下列故事中安娜的情況，也許能激發不同的思考。

安娜的兒子準備參加長達一個月的夏令營，臨行之前她一再叮嚀兒子：「記得寫信回家啊！」

孩子點了點頭，臉上卻是一副心不在焉的樣子。

鄰居太太看了，便對安娜說：「讓我教教妳吧！妳可以先寫信給孩子，記得上面要這麼寫：『我寄了一些錢給你，希望你能玩得痛快，也吃得暢快！』」

安娜聽了這話，有些懷疑地問：「這樣，他就會寫信回家了嗎？」

「當然！不過，妳要記住一點，千萬別真的寄錢給他。」鄰居補充道。

從安娜鄰居的處理方法中，我們學習到了引導教育的方法，想讓孩子寫信，就應著孩子的需要，技巧地以「漏了零用錢」引導孩子寄回家書。

不管這個方法好不好，當效果達成之時，我們會看見孩子們的改變，或許是培養了寫家書的趣味，或許是懂得思考「父母」的重要性！

給孩子正確的價值觀和正確的生活態度，絕對比提供他們富足充裕的物質享受更爲重要，這才是他們一生受用不盡的。

當現代父母親習慣了直接給予，極少參與孩子活動，我們不只發現親子關係越來越疏離，還發現大人們經常不經意地給了孩子錯誤的價值觀。

以小明的例子來解析，最常見的情況是，孩子的父親沒有第一時間進行溝通，只給「好」或「不好」的答案，不能藉機教育孩子「量力而爲」的重要，也未能及時引導他們省思生活的價值。如此，只會讓孩子在未來要花加倍的功夫重建生活的態度。

在孩子成長階段中，教育自然要多費心，若孩子提出問題時，與其直接給答案，不如引導他們思考，多要求他們從各種角度思考想像，鼓勵他們勇敢地說出心中想法，即使答案不對也無妨。

如此一來，我們才能眞正地看見孩子們的成長，也才能放心地期待他們爲自己闖出一片天地。

用幽默的態度看待惱人的小事

恩怨情仇皆是生活中的小事，想擁有一段幸福圓滿的人生，就該幽默以對，別再讓生活中的小事困住自己。

沒有人不希望生活時時充滿歡樂，日日為陽光普照。

如果你想擁有這一切，請記得，一切從放下仇恨、擁抱幽默、學會寬心待人開始。慢慢地，我們終將感受到心情的歡喜幸福。

有個人被狗咬了一口，卻一直沒有好好治療傷口，只見傷勢越來越嚴重，好一段時日都無法痊癒。他終於感覺事態嚴重，這才去看醫生。

醫生看了一眼，便叫人牽來一條狗確認一件事——這個人是否正是被這隻患有

「狂犬病」的狗所咬。

確認後，醫生立即幫他注射血清，但似乎拖得太久了，為時已晚。無可奈何下，醫生只好安慰他看開一些。

這個人聽完，呆了很久，跟著卻坐在看診室的桌旁，振筆疾書起來，醫生忍不住安慰他：「其實，我只是說可能不會好，情況也沒有非常惡劣，你還不必現在就立遺囑。」

「我不是在寫遺囑，我只是想列出那些該讓這隻狗也咬上一口的人的名單。」男子回答。

知道惡犬有病，男子掛念的卻不是自身安危，反而期望著仇人、敵人也能有相同的遭遇，如此心態，眞不知道該說他可悲，還是他的敵人可憐。

一個惡棍死了，死者為大，大家即便不喜歡他，還是來參加他的葬禮。

然而，葬禮上所有人全都靜默不語，神父忍不住問：「對於死者生前的一切，在你們心中，難道真的沒有留下丁點美好記憶？」

大家聽了，你看看我、我看看你，片刻之後，一個理髮師說了：「有，由於他的毛髮稀疏，每次刮他的臉總覺特別容易。」

每個人來到生命盡頭，總少不了一絲善念興起。所以，面臨生命危機，面對仇恨的人死去，何不學會寬容？

走到最終的時候，心中如果依然想著恨與怨，只是徒增不必要壓力，讓人生更顯悲情。

人生應該往前看，我們心中該存有的，不是爲何仇恨的人不死、不病，而要感謝他們讓我們明白必須更疼惜自己。面對已逝的仇恨，我們該做的不是開心歡喜，而是要感慨生命的短暫，然後更努力把握現在。

恩怨情仇皆是生活中的小事，想擁有一段幸福圓滿的人生，就該幽默以對，別再讓生活中的小事困住自己。

給自己一個「優質」人生

聰明如你，想必此刻正認真省思著，自己的人生是只需及格分數，還是積極地想得一個「優」？

作家斯特恩曾經寫道：「痛苦與歡樂就像光明與黑暗互相交替，只有知道怎樣使自己適應它們，跟它們和平共處，才懂得怎樣生活。」

人生有很多選擇題，但這，些題目卻沒有公式可套，也沒有標準答案，雖然每個人可以選擇的答案都不同，但必須用更豁達的心胸面對。

你為什麼而活，你用什麼角度看待你的人生，只要先認清你的生命態度，那麼再顛簸的路，也會因為你清楚自己的人生路而鋪平。

生活好壞常常由態度決定，人生際遇也經常隨態度轉換變化，若思維能鎖定於

正向，你我的腳步自然會走向正面積極的目標。

要是思考常陷入悲觀灰暗，心靈自然會悄悄引著我們，走向悲慘人生。

有位就讀於二年級的大學生，寫了一份〈論莎士比亞創作〉的報告，教授給了他一個「優」。

作業發回不久，教授便要求這位學生到辦公室與他談談。

學生立即前往，教授一看見他，便說：「你大概不知道，我也是畢業於這所大學，也是住在你現在住的那間宿舍。而且，我們還保存了以前校友的考核作業，目的就是想在需要的時候便利地翻閱參考，我相信你都曉得。

「我應該說，你很幸運，因為你一字不差地抄襲了我過去所寫的一份關於莎士比亞的報告。」

教授說到這兒，只見學生滿臉驚恐地看著他。

「當然，你一定會感到吃驚，也非常好奇我為什麼會給你『優』的等第。孩子，那是因為當年那位保守的教授只給了我『及格』兩個字，但我總覺得自己應當拿到

『優』的。」

好的老師不只能給學生好的指導方向，更懂得保全學生的尊嚴，好像故事中的教授，明知道學生犯錯，但並未直指其過，反而是以更寬容、幽默的方式來糾正錯誤，讓對方明白好壞之間，其實相當主觀，而對與錯的差異，也只在一個小小的念頭轉換。

下面還有一段有趣的師生對話，從中我們更可以理解一個道理：好的教育技巧，能帶動學生們的創意。

某間學校的學生們特別喜歡音樂課，因為任教的音樂老師非常幽默風趣。

有一次考試時，他出了這樣一道題目：「巴哈有二十個孩子，因此他一生中把大部分時間花在『　　』上面。」

老師留下空格，要學生們填寫正確的答案。

調皮大膽的學生，紛紛寫下「床上」的答案，有些學生則比較嚴肅，回答是「德

國」，當然大多數的人都認為是「作曲」。

但是，最終卻沒有一個人答出正確答案，於是學生們著急地詢問老師，正確答案是什麼。

老師笑著回答：「還債。」

聽聞前述問題時，你心中出現的是什麼樣的答案？

無論你的答案是什麼，都必定是個好答案。人生許多課題沒有絕對的錯與對，一如第一則故事；而透過第二則故事的引導，則讓我們更加明白，每個人都會有出錯的時候。

錯誤本身是很單純的一件事，更重要的是我們的自省能力高低，是否懂得從中反省，進而引領自己走向正確的道路。

故事極爲簡單，但寓意省思由人，想得深刻，我們便得深刻啓發，若只懂輕輕帶過，得到的當然不會多。聰明如你，想必此刻正認眞省思著，自己的人生是只需及格分數，還是積極地想得一個「優」？

話說得巧，效果會更好

一百分還是零分，極可能導因於學習態度的差異，把話說得更巧，多以正面鼓勵的方式展開教育，孩子自然會表現得更好。

生長在經常傳遞悲觀念頭家庭裡的孩子，態度自然悲觀，反之，生活在陽光積極家庭的孩子，時刻都懂得展現陽光活力，當然較具幽默感。

爲人父母，要小心謹愼自己的一舉一動，常用巧妙的話語和孩子溝通，因爲孩子的未來與學習態度好壞，取決於家庭教育的成敗。

湯姆手裡拿著試卷，怎麼也答不上來，便在試卷上寫道：「上帝曉得，我不知道。祝老師耶誕快樂！」

過了幾天，老師把考卷交給湯姆，上面的批語是：「上帝一百分，你零分。祝你新年快樂！」

老師的幽默批語，想必逗得不少人發笑，仔細想想，這位老師不也挺棒的嗎？他沒有以斥責聲來糾正學生的過錯，反而以幽默回應提醒學生，間接達到正面的教育目的。

教育事業原本就不是容易的工作，但若能幫助孩子走向正確的道路，便是極快樂的事。不過，也不能一味地只想靠學校老師的幫助，別忘了，家庭才是孩子最重要的學習根源。

一位父親正在和老師談論兒子的學習情況，說道：「老師，請您告訴我，我兒子的歷史學得怎樣？唉，回想我當初唸書的時候，其實很不喜歡這門課，考試總是不及格啊！」

歷史老師說：「原來如此，那歷史恐怕正在重演。」

我們可猜得，這位父親必定經常給孩子相似的訊息，讓孩子知道他的歷史總是最差的。在潛移默化下，孩子自然而然地會以父親爲準則，允許自己歷史成績上的不足。

別以爲不可能，回想我們過往的經驗，家人若在某一方面表現突出，自己不也會跟著模仿學習，並積極地以此作爲換得鼓勵掌聲的途徑？

所以，常給自己肯定，也常給孩子肯定，這才是應當建立的教育態度。好像前述故事中的父親，若能傳遞正面訊息，讓孩子明白歷史的趣味，甚至是幽默的自我解嘲，相信孩子會以更積極正面的態度進行學習。

一百分還是零分，極可能導因於學習態度的差異，把話說得更巧，多以正面鼓勵的方式展開教育，孩子自然會表現得更好。

幽默看待，才會自在愉快

不想心情老是蒙上憂愁，多學會放下工作的煩悶壓力吧！認真且幽默地看待一切，你我才可能擁有自在愉快的人生。

身體之所以會有病痛，許多醫生都說是人們的壞習慣造成。

仔細想想，你是否在做某些事情或工作時，常有煩悶的感受？如果答案是肯定的，那便代表著你的某些習慣已經累積出疾病了，若不想造成可怕的病痛，請立即找出問題的根源，並積極改進修正，才能在最短時間找回健康的身心。

小亞對愛抽煙的小李說：「知道嗎？香煙的一端是火。」

小李毫不在意地問：「哦！那另一端呢？」

「另一端有個想自殺的笨蛋！」小亞冷冷地答。

你是想自殺的笨蛋嗎？雖然說癮君子已然成癮，要改變並不容易，但還是應該爲自己多想想，畢竟生活中有許多壞習慣，最終會帶來可怕的病痛，而那最後要面臨痛苦折磨的人，正是自己。

因慣性而產生的問題很多，好像下面這個職業病症。

有個體形壯碩的男人因為長期失眠，到醫院請求診治。

「醫生，我最近很難入眠。」男子說。

醫生微笑地說：「放心，這不難解決，來，我先了解你的身體狀況。」

仔細地詢問病人的情況後，醫生說：「不用擔心，你只是有點輕微的神經衰弱，現在我教你一個方法，當你躺到床上以後，就開始默唸數字，從一數到十，反覆唸它，慢慢地你就會睡著了。注意，要堅持下去哦！」

然而，一個星期後，這男子又到醫院來了，且情況顯得比上次來時更糟。醫生

吃驚地問他：「怎麼會這樣？你有沒有照我的話去做？」

病人用力地點頭，說：「有啊！我可是非常努力地執行，每天晚上一躺到床上，就不斷地從一數到十，可是只要一數到八，我就會忽然跳起來。」

醫生不解地問：「為什麼？」

「因為我的職業是拳擊手啊！」男子口氣哀怨地回答。

因爲慣性，也因爲壓力，讓故事中的男子遇見熟悉的「數字」便跳起來，連丁點放鬆機會也沒有。從中延伸，思考生活中的各種壓力，我們常覺得一切已是習慣，應當不會影響自己的生活腳步或思考感受，然而一如上兩則故事的寓意，實際上正不自覺地帶著自己走進險境而不自知。

如果你渴望走出束縛與危機，請從現在起時刻檢視生活狀況，時刻省思自己的心境，並讓自己與幽默靠近。聰明如你，想活得健康快樂，還是少抽根煙吧！不想心情老是蒙上憂愁，多學會放下工作的煩悶壓力吧！

認眞且幽默地看待一切，你我才可能擁有自在愉快的人生。

美醜真假只在幽默的一念

幽默看待萬物，便可得深刻的生活禪思。何妨給自己一點空間，以單純眼睛看世間？從此觸目所及，必無一不是美麗真實之境。

在某些人眼中相當美麗的事物，對某些人來說卻可能醜陋不堪，正如有些真相，對某些人來說，是根本不存在的假象。之所以有這些差別，問題不在事物本身，而在你我的一念。

別忽略了自身心念的寬度，懂得包容世事，懂得寬待萬物，將幽默態度落實於生活之中，慢慢地我們都將明白，這世界只有眞與美。

這天，小孫子問教授爺爺：「爺爺，為什麼你說一切假的都是醜的？」

「那當然嘍！難道你能舉出相反的例子嗎？」爺爺問。

「可以啊！」孫子爬到教授的膝上，說：「你看看你自己，裝上假牙後又年輕又精神，拿掉牙，你嘴巴又空又癟，這不是相反的例子嗎？」

教授聽了，大笑說：「有道理！」

醜似美，眞實醜，聽了這番童言童語，你對美醜是否有了不一樣的定義？

孩子的眞心話，總讓人會心一笑，也更引人深思，好像下面這個故事，在聽來無禮的話中，隱含著某些深義。

「我再也不洗臉了！」有一天，小多莉忽然對奶奶這麼說。

「為什麼呢？真是個小淘氣！妳知道嗎？當奶奶像妳這麼大的時候，可是天天洗臉呢！」奶奶說。

「所以我才不洗臉嘛，我不想變成妳現在這樣啊！」小多莉回答。

小多莉不懂歲月增長的變化，只懂眼前所見到的眞實畫面，從中也讓我們明白，人生不活在當下，又在何時？

假牙看似很虛假，卻是眼前爺爺最需要的東西，既是生命所需，那又何必在意眞假？只要有助於生命繼續，讓人清楚說出心中眞心話，即使是假的，我們亦當認眞看待。

又好像另一則故事中，滿臉的皺紋正是生命漸進轉動留下的痕跡，又何必爲此苦惱煩心？仔細想想，我們每天洗臉爲的是什麼？是讓自己清醒，以看見更明亮的本心，還是爲了讓人看見一個表面漂亮但內心無知的靈魂？

幽默看待萬物，便可得深刻的生活禪思。

美醜一念，眞假不辨，一切標準存乎你我的一念心。何妨給自己一點空間，學學孩子們以單純眼睛看世間？從此觸目所及，必無一不是美麗眞實之境。

11.

不肯認錯，小心自食惡果

人非聖賢難免犯錯，只要勇於面對，最終人們只會記得你的勇氣與未來的成就，忘了那個曾經犯下的過錯。

少一點計較，就能體會生活的美好

渴望無憂的生活，重要的是減少計較心理；希望快樂的人生，重要的是事事都能微笑淡看，少一點埋怨與敵對，自然能享受生命的快意和美麗。

牧師微笑地問一名新兵：「你們每天都會禱告嗎？」

士兵們回答：「會。」

牧師點了點頭：「很好，那是什麼時候？飯前嗎？」

只見士兵聳了聳肩說：「不一定，得看那天菜色如何。」

心裡的祈禱出現了現實的計較，相信牧師聽了一定非常感嘆，然而像這類情況卻很尋常，我們經常可以見到一些喜歡求神問卜的人，嘴裡不也經常叨唸著「請神

明幫忙」，若是願望不能達成，又往往埋怨天地的無能？

問題是，這個「願望不能達成」的責任眞的該怪老天爺嗎？

禱告的心態若是有所要求，那麼不管怎麼祈求都無法得到祝福，又如果在生活中總是帶著「埋怨」或「不滿」，只知道向上天或神明尋求安撫安慰，那麼我們的內心永遠也無法得到眞正的紓解，就好像下面這兩位旅人一樣。

有兩個來自不同國家的冒險者在非洲巧遇，其中一名男子問另一個男人：「你怎麼會想到這兒探險？」

男人說：「我原本就喜歡探險，不過真正讓我走出來的原因，是因為我實在厭倦了城市的生活，只要一想到城市中的汽車廢氣和泥濘道路，渾身就不對勁，你不知道嗎？城市中的氣候實在糟糕透了。我喜歡大自然，喜歡聽鳥兒的叫聲，更喜歡走進那些人跡罕至的神秘地方。」

「那你呢？你為什麼到這兒來？」男人反問。

「唉，我之所以來這兒，是因為我兒子整天都在練薩克斯風！」男子說。

因爲想圖個安寧，因爲城市混亂，所以想親近樸實的大自然景觀，所以遠離現代文明，然而這也只能躲得了一時，最終兩個男子不也還是必須回到城市中，繼續面對城市文明與兒子的薩克斯風聲？

與其像士兵們一樣在意菜色是否豐盛，倒不如感恩知足，把能塡飽肚子的食物都視爲人間美食。帶著一顆惜福的心，更能讓人得到心靈與生活的充實。

同樣的，抛開煩躁心情，就能聽見並感受大地的呼吸，就會明白如何讓人類文明包容自然天地，即使處在城市之中也能享受自然的風光美景。

把心打開，認眞感受也享受生活中的一切，自然其實早在你我身邊。渴望無憂的生活，重要的是減少計較心理；希望快樂的人生，重要的是事事都能微笑淡看，少一點埋怨與敵對，自然能享受生命的快意和美麗。

不肯認錯，小心自食惡果

人非聖賢難免犯錯，只要勇於面對，最終人們只會記得你的勇氣與未來的成就，忘了那個曾經犯下的過錯。

有輛轎車一連闖了兩個紅燈，這才被交通警察攔了下來。

「你沒看見紅燈嗎？」警察怒喝道。

沒想到駕駛竟一臉無辜地說：「唉，我有看見紅燈，只是沒看見你。」

相信遵守交通秩序的人聽見這個駕駛的說詞，都感到既好氣又好笑，然而這類人總是如此逃避自己應該面對的錯誤。

別把闖紅燈當作闖關遊戲，若是等到了「game over」，才醒悟自己所犯的錯，恐怕爲時已晚。

如果犯了錯，卻被人點破，就更該勇於面對，不要像下列故事中的艾爾一樣支吾逃避，那只會讓人更加不屑。

艾爾興奮地朗誦了一首詩給來訪的朋友聽，還說這是他的最新力作。

「你們覺得怎麼樣？」艾爾問朋友們。

「很好！不過……可惜的是，那好像是從某一本書上偷來的。」一位朋友說。

艾爾聽了非常生氣：「你……你說什麼！胡說八道，我要求你道歉！」

朋友點點頭說：「好！我願意更正這個錯誤。」

話說完，那個朋友忽然從袋子裡拿出一本書，說道：「對不起，剛才我說那首詩是從一本書上偷來的，這的確不對，因為我這會兒翻開來看，發現詩句還好好地躺在書本裡。」

儘管艾爾辯稱詩句是自己的創作，但朋友手中有書，逐句對照的結果若是一字

不漏，艾爾恐怕要面對極度尷尬的場面，但若坦承並非蓄意抄襲，只是拾人牙慧，企圖賣弄文采，也不會弄巧成拙，讓自己一再出糗！

兩個故事，兩種不同的錯誤狀況，卻同時點出了現代人常見的問題——不肯面對。英雄般的假面具總會被拆穿，若不是真英雄卻強裝勇猛，只會讓自己糗態百出，甚至讓人從此鄙夷輕視。所以，犯了錯不妨給自己面對錯誤的勇氣，試著自我解嘲，不要等到別人發現，自己先把面具拆了吧！

要是明明犯了錯卻還要強詞奪理，推卸責任，即便成功推去責任，存在心裡的責難，恐怕將帶來終生的折磨。

逃避、閃躲責任與錯誤，心理負擔非常沉重，若把犯錯當糖吃，一旦吃上了癮，終會自食惡果！

面對錯誤絕對比逃避責任來得安全，也更能獲得人們的諒解，畢竟人非聖賢，難免會犯錯，只要勇於面對，肯承擔責任，最終人們只會記得你的勇氣與未來的成就，忘了那個曾經犯下的過錯。

控制情緒，才能爭得佳績

保持冷靜理性、耐心等待、冷靜思考，等到最好的時機才出手，然後準確地為自己爭得一個必勝的佳績。

「喬納，為什麼馬車夫的鬍子有棕色、黃色、白色及黑色，卻沒有綠色的呢？」傑克問道。

喬納說：「這個問題嘛……給我一點時間思考。」

片刻後，傑克又問：「喬納，把馬兒套在馬車上時，為什麼是馬兒的尾巴對著車身，卻不是馬頭對著車身呢？」

喬納笑著說：「我想到答案了！我要同時解答這兩個問題。如果馬車夫的鬍子是綠色的，那麼馬夫在套馬的時候就不會讓馬頭對著他，因為這麼一來，馬兒會把

馬夫的鬍子誤認為是好吃的綠草，衝上前去狠狠地咬傷馬車夫。」

面對傑克有心爲難的問題，聰明的喬納給了他一個絕妙的答案，不只把問題解決，更爲自己爭得一個聰明智慧的肯定。

處理問題不要太過於心急，先冷靜下來，理性地思考之後，自然能想出絕妙的好答案。面對生活中各式考驗和阻礙，如果不能冷靜應對，而是任由情緒宣洩，通常只會讓人醜態畢露，不只無法突破困境，有些時候反而還會幫助對手提早擊倒自己。

如果覺得喬納的機智反應不易學習，那麼就看看布克鄰居的聰明反應！

布克苦著臉對鄰居說：「你能不能借一點錢給我？」

「你需要多少錢？」鄰居問。

「五十塊美金。」布克說。

聽了布克的要求後，鄰居沉默很久，也讓布克站在門口等了很久。最後布克實在忍不住了，問道：「你為什麼不說話？這錢應該不多吧！」

「是不多，不過，與其讓你欠我五十塊美金，不如讓我欠你一個回覆，我想這對我來說還是比較划算！」鄰居笑著說。

不想借錢卻又不想撕破臉，所以鄰居沒有直接說「不」，而是轉個彎讓布克知道他「不想」，如此溫和地拒絕，是爲了保持兩個人的友誼，相信布克聽了也不好意思再開口要了。

不管是誤認綠草的想像，還是寧願欠人一個回覆的理由，無非都是想讓人明白，不管生活中遇到什麼樣的麻煩或爲難，總有辦法解決，只要不用情緒面對，冷靜運用自己的智慧，再艱難的問題也能找出答案。

與人交往的過程中，少說情緒話，想解決問題就要保持冷靜理性。聰明的人面對難關與敵人時不會急著出招，他們會耐心等待，冷靜思考，等到最好的時機才出手，然後準確地爲自己爭得一個必勝的佳績。

抱持真心，自然能得到人心

當心中對目前的人事物產生否定念頭，熱情自然消散，真心自然不再，態度也會變得敷衍了事，試想，抱持如此心態又怎麼抓住手中的機會？

艾倫說：「自從海斯失業之後，大約有一半以上的朋友都不認識他了。」

「是嗎？那他另外一半的朋友呢？」朋友問。

「另外一半啊，他們還不知道他已經失業了。」艾倫回答。

簡單的兩句話道盡了人情冷暖，也道盡了人心的現實。

只是，在這個現實的社會中，利字當頭，爲求生存，人們會想依草附木也是正常的心態，雖然見風轉舵讓人寒心，但與其悲憤面對，不如坦然應對，聰明地從這些人的「現實」作爲中，分出眞心與假意之別，也看清良朋益友與酒肉朋友的不同。

當然，不論眞實情況如何，沒有人會是完全孤單地活著，只要我們不是以虛僞的態度對人，身邊總會有眞心的朋友。同樣的，只要我們不斤斤計較地與人相交，自然也會得到人們無私的回應與回饋。

所以，當我們嘲諷他人現實態度的時候，也別忘了回過頭來，檢視自己付出的情感究竟是眞是僞。

因爲，我們在喟嘆世人勢利、眞情難得時，其實也常常忘了付出自己的眞心。

在職場工作中也是同樣的道理，先問問自己對於工作的付出是否眞切與執著，是否眞的投入其中，又是否付出了努力，再檢討別人吧。

喬治在這間銀行工作了十年，至今仍然只是個小職員，很想轉換跑道：「不行，我得找找其他更好的工作才是！」

可是，找到新工作之前，喬治擔心丟掉目前的工作，於是想出了一個妙計，只見他的應徵信上寫著：「救命！我是盧里塔尼銀行的囚犯！」

接著，喬治把這些「求救信」寄給不少大公司，請求他們給予工作機會。

不久，喬治的經理從俱樂部朋友的手裡拿到這封信，第二早上便把喬治叫進自己的辦公室，語帶諷刺地對他說：「喬治，我這兒有一個好消息，本行決定從今天起還你自由！」

談及工作，我們經常會聽見人們說，自己已經很努力了，可是原有的熱情卻被現實漸漸澆熄，也因爲這個理由，對於眼前的工作越來越覺得意興闌珊，也越來越多怨言和不滿。

直到失去工作機會的時候，對於過往的一切，他們只懷著更多的否定情緒。所謂的騎驢找馬，與喬治的情形類似，諷刺的是，大多數人也和喬治一樣，因爲不知道如何分別自己實際的需要，把自己形容爲工作的囚犯，其實根本是「不知道自己要什麼」。

這就和交朋友一樣，目標不明確，情感不踏實，當然難得圓滿的結果。

當心中對目前的人事物產生否定念頭，熱情自然消散，眞心自然不再，態度也會變得敷衍了事，試想，抱持如此心態又怎麼抓住手中的機會？

其實，不管是「人和人」還是「人對事」，遊戲規則都一樣，把心力投注進去，不計較付出多寡，不計較何時得到回饋，總能等到想要的結果。

這其中又以「人對事」的成效最爲顯著，至於人與人之間的結果，只要不再計算收穫，打開心房，自然能得到溫暖的人心。

不自重，就得不到別人尊重

處世態度輕慢的人，人們自然也不會太謹慎對待；與人交流時若是表現輕佻，那麼也難得到人們的認真對待。

有個年輕人寫了一封信給一間刮鬍刀製造商：「先生，在這封信內我附上十元美金，想購買貴公司最近廣告宣傳的刮鬍刀一把，在此向您表示謝意。」

不過，信末他卻附了一行加註：「對不起，忘了裝十元美金，不過我相信，像你們這樣注重信譽的公司，一定會把刮鬍刀寄給我的。」

不久，年輕人收到該公司的回覆：「敬愛的先生，感謝您寄來寶貴的訂單，信已收到，我們也及時回覆了，我們立即寄給您刮鬍刀一把，希望您會喜歡。」

至此一切看似順利，但對方也寫了一條附註：「對不起，匆忙中忘了將刮鬍刀裝入，不過，毫無疑問的，我們可以相信一件事，像您如此照顧臉皮的人，肯定暫時用不著它。」

這則故事中的年輕人與製造商同樣具有智慧，但其中的差別是，前者「賣弄小聰明」，後者「發揮小智慧」。

年輕人看似大展才智，事實上卻是曝露自己的無知，在帶點威脅「名聲信譽」的字句中，不難看出年輕人的生活態度與處世觀念。在那自作聰明的巧思中，他明白宣示自己無賴的性格，以及好逸惡勞的個性，如此不懂得自重自愛的人，又如何能得到人們的信任與尊重？

所以，絕對不能把表現小聰明或耍嘴皮當趣味遊戲，如果使用過量，不僅無法緩和人際關係，反而會讓人際出現間隙，更甚者，還會讓別人產生否定的印象，那就像下面的情況。

有個年輕人對著售票員說：「小姐，我可以買兒童票嗎？」

售票員抬頭看了年輕人一眼說：「二十塊，謝謝！先生，請您記住一件事，我們這裡是以年齡計價，不是以智力來計算。」

不要高估了自己的聰明，也不要低估別人的智慧，這兩則故事都告訴我們，不管是售票員的反諷，還是刮鬍刀公司的嘲弄，都讓我們明白，不懂自重的人也得不到人們的尊重。

與其開玩笑買一張「兒童票」，或許無傷大雅，然而面對認眞且忙碌於票務工作的人，不如給他一句「辛苦了，謝謝」的肯定，絕對比一句輕佻調侃的話來得讓人心動。處世態度輕慢的人，人們自然也不會太謹愼對待；與人交流時若是表現輕佻，那麼也難得到人們的認眞對待。

開玩笑必須要選對情況和時機，不是所有人事物都可以開得起玩笑，也不該不分時機場合都可以賣弄小聰明，該嚴謹時便應嚴謹以對，需要輕鬆的時候，便要有微笑應對的智慧，如此才能讓人敬重，也讓人願意親近地互動。

換個角度，不要老自以為是

不管我們站在什麼角度或角色，沒有人特別偉大，唯有站在齊平的位子上，才能找到希望的幸福。

有個日本女孩正在填寫一份員工資料表，表格前幾欄很快地便填好了，但到了「婚姻狀況」這欄，卻讓她停下來思考了好一陣子，這一停筆竟然停了十分鐘之久。她猶疑了好一會兒，最後才寫下：「有希望！」

好一個「有希望」，只是看了這個頗有創意的答案，真不知道該莞爾一笑，還是帶點感傷嘆息才好！

面對婚姻，許多女人總是懷抱著執著和期望，即使要辛苦等待，也依然願意含淚守候，只是盼望的那個幸福伴侶，往往與夢想不符，讓一切等待與期盼徹底落空，一如下面這個例子。

夜已深，有一戶人家的電話忽然響起，電話筒那一頭傳來一個陌生女子的聲音：「天哪！我恨透我的丈夫！」

這戶人家的主人連忙說：「太太，您打錯電話了。」

但是，這位陌生女子似乎沒聽見這句話，仍然滔滔不絕地說下去：「你知道嗎？我有五個孩子要照顧，幾乎從早忙到晚上，他還以為我一天到晚都在享福。有時候，我想出去逛逛街、散散心，他都不答應，可是他自己卻每天晚上都出門，總是推說有應酬，騙誰啊！」

主人說：「太太，真的很抱歉，我不認識您，能不能……」

「你當然不認識我了！我也不認識你，可是這些話我若是對親朋好友或認識我的人說，肯定會鬧得滿城風雨，唉，現在我說了出來，心情也舒服多了，謝謝你！」

說完，她便掛斷電話。

暫不討論男人女人的問題，先針對故事點出一個你我都可能發生的情況，那便是「站立的角度」。是的，大數人只懂站在自己的角度想問題，或是用自己的標準看事情，一如故事中女人談及老公的「認爲」，他認爲老婆在家很輕鬆，只有他一個人最辛苦，一家人他犧牲最大，所有人都應該體諒他，甚至只能乖乖聽話，其他家人不能多說一句話。

這種想法與做法是正確的嗎？

家庭也是一個小團體，不管組合成員有多少，同樣都是分工合作著維護這個家，讓這個家不致失序，不致出現困境。所以，彼此都應該學會互相體諒與體貼，因爲在這裡每個人都一樣重要，每個人都同樣辛苦。

不管我們站在什麼角度或角色，沒有人特別偉大，男人跟女人更沒有誰高誰低之別，唯有站在齊平的位置上，才能找到希望的幸福。

學會珍惜，能讓空虛感遠離

當我們看著屋裡越積越多的事物，不是反而更添困擾，困惑自己到底還要用多少東西才能將心填滿？

老郵差約翰的時間到了，壽終正寢，孩子們幫他們舉行一場十分氣派的葬禮。由於這些年來，約翰非常努力且辛苦地為大家服務，所以該區不少感念他的人紛紛前來送他最後一程。

牧師也有感於約翰的努力與付出，因此決定好好地朗誦一首詩來感謝他：「冬天，大雪紛飛、寒風刺骨的時候，他來了；春天，道路泥濘、雨水豐沛的時候，他來了；夏天，塵土飛揚、太陽炙熱的時候，他來了；秋天，細雨綿綿、寒氣襲人的時候，他來了。」

一番感念與祝禱後，人們從教堂走出來，這時阿爾賓對奧洛夫說：「奧洛夫，牧師今天唸的詩句真是感人。」

「是的，真的很不錯，不過他實在沒必要唸那麼長的詩句，他只要說約翰在各種鬼天氣都會來就夠了！」奧洛夫說。

也許奧洛夫的話讓人感到不悅，只是卻很坦白，畢竟人都已經走了，再多的讚美詞句他也無法聽到，再多的肯定和感念他也無法感受到，不是嗎？

從另一個角度思考，「務實的生命態度」或許才是你我應當重視的事，從生死問題再進生活問題中，或者更能引起我們的思考共鳴。

家具商人正對莫斯特高喊：「莫斯特先生，快買下這個櫃子吧！五折給你，相信我，再也沒有比這個價錢還要便宜的了！」

莫斯特先生笑著說：「我要這個櫃子做什麼？」

商人說：「您可以在裡面掛衣服啊！」

只見莫斯特回答道：「親愛的，您該不會要我光著身子到處跑吧？」

莫斯特幽默地堵住了天花亂墜的商人之口，也輕鬆地引導著我們進入「務實態度」的生活道理中。

我們不妨想一想，在你我手邊有多少東西被稱爲「備而不用」，事實上卻是根本用不著的東西？

有些人會說，因爲心靈空虛所以需要物質來塡補，如此才能得到眞正的滿足或充實，只是，當我們看著屋裡越積越多的事物，不是反而更添困擾，困惑自己到底還要用多少東西才能將心塡滿？

懂得「珍惜」是最重要的生活態度，珍惜生之時，也珍惜已經擁有的，追憶那些已經消逝的東西只會讓自己徒添遺憾，甚至只是更多牢騷，一如莫斯特先生在拒絕折扣誘惑時，給我們的提醒：「人一輩子能擁有的不會太多，也不會太少，充分且靈活地運用生命與珍惜身邊的一切，自然就時時都感到滿足，也覺得生活充實愉悅。」

別在錯誤中執迷不悟

人生只有一個，不該執迷於某些習慣或名氣之中，也許生活最終得重新開始，但至少我們沒有執著於一錯再錯的腳步中。

羅克無奈地對朋友說：「我真不知道這間醫院是怎麼一回事，我住進醫院後，一個醫生診斷說是闌尾炎，另一個卻說是膽結石。」

朋友關心地問：「結果問題是什麼？」

「唉，沒想到他們因此爭論不休，互不相讓，甚至還丟硬幣決定，但最後卻割了我的扁桃腺。」羅克哭喪著臉說。

若要論醫生的醫德，總是有論辯不完的話題，然而不能否認的是，對病人來

說，醫生的專業才是他們最重視的問題，即使醫德出現瑕疵，只要能保住他們的性命，即使心中有諸多不滿，很多事也只能自認倒楣。

看到羅克這種遭遇，雖然讓人覺得好笑，然而換個角度想想，病人們其實不也是造成這個結果的推手，執意要名醫診治的情況下，不知有多少病人反而耽誤了病情？

我們再舉另一個情況，從這件事來思考省思，或者能引人有不一樣的思考啓發。

醫生仔細檢查了一番後說：「老先生您盲腸發炎了，要馬上住院治療。」

老先生說：「醫生，能不能請您再檢查一遍，我……」

醫生一聽，不悅地說：「我是醫生還是你是醫生？」

老先生說：「您是醫生！可是我一定得說明一件事，我的盲腸在上次感冒時就已經被您切掉了！」

新聞中常見的誤診，通常造成了病人們無法彌補的傷害。醫生自然有著應負的責任，但很多時候，人們面對名醫的迷信和畏懼，就與面對權威或專家的情況相似，心中明明出現懷疑，卻不敢把問題提出來討論，非得等到錯誤發生之後才發洩氣憤。

只是，錯誤已經造成，再多的不滿和抗議，或是再多的哭泣和後悔，又有何用？生命是自己的，人生也在我們掌握中，即使相信對方，也一樣不能忽略自己心中的眞正感受和想法。無論對方採納與否，也不管對方是否願意傾聽，至少要把心中的想法表達出來，才不致讓自己苦呑悶氣。

就像故事中的病人，不管醫生如何強勢，別忘了我們的主控權，盲腸在上次就被誤診錯割了，實在沒必要再給他一次機會！身體只有一個，我們的人生也只有一個，不該執迷於某些習慣或名氣之中。也許，生活最終得重新開始，一切得從頭做起，但至少我們沒有執著於一錯再錯的腳步中，因爲重新開始，代表著我們給自己再一次實踐成功的機會。

12.

不管有沒有機會，都要幽默以對

別埋怨機會的優劣，只要盡全力表現，勤於變通思考，那麼看似平凡的機會，便有可能成為你跨入不凡機運的媒介。

用機智應付別人的自以為是

想要提昇自己的處世競爭力，說話辦事一定要講究輕鬆溝通的技巧，越「難過」的時候，就越需要幽默。

有句諺語是這麼說的：「生氣的時候去踢石頭，疼的只是自己。」

確實如此，一個眞正有智慧的人，就算是生氣憤怒的時候，也不會蠢到用自己的腳去踢眼前的「石頭」，而會用機智代替憤怒，用幽默的話語，巧妙地回敬那些自以爲是的人。

建築大師為一位財大氣粗的富商設計一座豪華墓園。

建成前，富商不斷詢問建築師：「這裡看起來好像還缺點什麼，不是嗎？難到你真的沒發現？」

「是，還缺了點東西！」建築大師終於也認同他的看法。

「是嘛，我就知道！那……那是什麼？」富商看似明白，事實上根本不清楚這裡到底缺了什麼東西。

設計大師笑著說：「現在，只缺你了！」

財富權力確實誘人也懾人，然而不是所有的人都會爲之著迷，畢竟財富常引來危險，權力則更常讓人迷失其中。

只是，無論怎麼提醒其中的險厄，還是有數不盡的人選擇踏入財富權力帶來的陷阱，選擇讓自己迷失在花花世界裡。

再看看以下這個例子，或許像例子中這樣的人物也經常出現在你我身邊。

有個美國政治人物為了增加自己的曝光率，舉辦了許多造勢活動，其中一場是到精神病院拜訪病人。

參觀時，他忽然想起要與某人連絡，於是連忙從醫院撥了電話出去，但是不知道為什麼，始終無法與對方連上線。

這時，大人物忽然情緒爆發，當場大發官威，對著女接線員大吼：「小姐，你知道我是誰嗎？」

「不知道，不過我知道您是從哪裡打來的！」女接線員冷靜地回答。

不管政治人物的情緒如何暴怒，女接線員仍冷靜以對，還聰明地藉題發揮，暗諷政治人物的行爲可笑，與第一則設計師的嘲諷有著異曲同工之妙，這正是我們需要多加學習的應對智慧。

他們不把不滿的情緒發出，以機智回擊，不只更顯示出權貴者的愚昧，也讓人看見小人物的不平凡處！

聽著設計師的嘲諷，不覺莞爾，他率性點出富商的迷失，簡單的一句話也引人深思。現代人日夜競逐於金錢的遊戲中，忽略了健康，也忽略了生命的價值，總是到了臨終之時才發現自己尚有一堆心願未了，卻已經來不及了，徒留下無盡的悔恨

和遺憾。

人們的執迷不悟，就像富商為自己大興華麗陰宅的執迷一般，生與死孰重孰輕，只有聰明的人能做聰明的選擇。

同樣的，看著接線員聰明地藉由電話來源，輕鬆回擊政客的「愚騃」，讓人知道，淡看名利是件好事，至少不必受制於名聲權力的牽絆，可以快樂裝傻，也能快意地表現聰明巧智，不必強迫自己為了名與利裝模作樣。

與其心心念念於財富權力的競賽，不如選擇當個聰明的平凡人。唯有懂得拒絕不必要的權力加持，懂得拒絕不必要的財富壓力，才能嚐到快樂生活的美味，更彰顯平凡中的無價。

此外，在這個紛紛擾擾的時代，想要提昇自己的處世競爭力，說話辦事一定要講究輕鬆溝通的技巧，越「難過」的時候，就越需要幽默。

要實現心願，就要少一點埋怨

不管「牛糞」也好，電腦選擇的也好，既然都已經選擇了，一味埋怨後悔，只是多添自己悲傷陰暗的生活苦味罷了。

日常生活中，有不少人喜歡抱怨，不管什麼事情都要批評、數落，或是自憐自怨一番。

其實，抱怨並不會幫助自己達成心願，只會更加心煩。遇到讓自己痛苦難過的事情，與其整天愁眉苦臉，還不如用自嘲式的幽默因應。如此一來，再如何難過的事情，也會在「幽自己一默」當中輕鬆度過。

莎莎忍不住對兒子說：「唉，想當初我嫁給你老爸時，大家都說就像是一朵鮮

花插在牛糞上。」

兒子問：「那為什麼妳還要嫁爸爸？」

莎莎說：「唉！這年頭，牛糞也不是很好找啊！」

看著莎莎的埋怨，顯示出男女世界的趣味與矛盾。與其同情莎莎沒得選擇的可憐處境，不如和她一起學習追求幸福之道。

畢竟，想擁有幸福的婚姻生活，除了要求對方努力，也得嚴格要求自己更努力。名作家柏楊曾說：「天下最殘酷的事，莫過於一朵鮮花插在牛糞上。如果僅只旁觀者有此觀感，還沒有太大關係，一旦鮮花有此感覺，就變成了一顆定時炸彈，糟透了頂。」

眞正的幸福戀曲得由兩個人共譜，想有完美演出，更須兩個人都盡力配合對方練唱，如此才能在正式合唱時，默契十足地唱出幸福的天籟之音。

幸福是兩個人的事，少一方都不行，這和人生道理一樣，無論目標怎麼選擇，最終下決定的人始終是自己，即使是選到「牛糞」，也不能埋怨任何人，更不能將責任推卸給任何一方。

如果只會埋怨，只會怪責別人，那麼不僅遇見幸福不易，即使幸福在手，也無法緊握，就像下面這個女孩的情況。

萱萱才剛結婚六個月，便苦著臉去找離婚律師了。

律師問：「為什麼要離婚呢？」

她對著律師哽咽地說：「我和他是電腦擇友認識的，那台電腦真是混蛋，真搞不懂它到底看上他哪一點！」

雖然這裡我們無法完全了解萱萱的情況，但是從「電腦擇友」這幾個字上，倒也不難猜出一點端倪。

現代愛情多半是速食主義，相親結婚也算速食之一，因爲其中有許多人只是爲了一個「急」字，所以匆匆面談，也匆匆決定結婚，連相處了解的試用期也沒有。

在這種情況下，結婚之後要面對的第一關，自然是彼此不同的個性與生活態度

的磨合了。

其實，即便是自由戀愛的男女也不乏一時衝動的決定。我們都知道，愛得深不代表能包容一切，相信自己會理性處理問題的，最終常常失了理性；堅持未來必能克服一切阻礙的，最後總還是無法面對。原因無他，人們在癡迷愛戀的時候，總忘了「現實」兩個字。

聽著萱萱怪責電腦，不禁讓人深思著，不管生活的方向怎麼選擇，人生終究是自己的，不管「牛糞」也好，電腦選擇的也好，既然都已經選擇了，就別再怪月老開自己玩笑，也別再質疑媒人婆是否點錯了鴛鴦譜，一味埋怨後悔，只是多添自己悲傷陰暗的生活苦味罷了。

男女情愛其實和人際交誼一樣，多用一份心去看待，也多一點耐心去溝通，然後再張大雙眼看清自己真正想要的愛，自然能得一個好的姻緣，更能減少哭泣說後悔的時候。

從對方的角度尋找出路

凡事動一動腦，便能很快找到出路，不要老用直線思考。想解決問題，要多用智慧想方法，還要多從別人的角度尋找出路。

懂得幽默的人都知道透過幽默的方式處理棘手的事。用幽默的方式因應讓自己「難過」的場面，永遠比沉默以對或當眾發飆好許多。很多時候，遇到惱人的問題，保持沉默或當眾發飆，問題並不會消失不見，但是，只要試著用幽默的方式化解，問題卻會神奇地迎刃而解。

有位校長為學生們最近的一個行為感到困擾，該校的女學生都很愛漂亮，很喜歡在洗手間補妝，特別是對著鏡子擦口紅！

如果只是簡單地照照臉倒還好，讓人搞不懂的是，她們一個個都很愛在擦完口紅後，再將唇印留在鏡子上。

校長和教務長討論這件事時說：「得想個決子解決！」

校長想了一天，終於想出了一個妙計。

第二天，校長叫所有女學生到洗手間集合，當場請清潔工人示範一次清潔工作，好讓女孩們明白這些口紅印有多難清理。

只見清潔工拿起一把短毛刷子，將刷子就近在馬桶裡沾了水後，便走到鏡子面前，開始用力地刷洗鏡子，刷了很久才將油油的唇印弄乾淨。

從那天起，再也沒有人把唇印留在鏡子上了。

多聰明的校長，遇到難題並沒有大聲斥責，只用一個小動作便把麻煩解決，從中也讓我們明白，一味說大道理或用強制的方法，常常難以服眾，不如想個簡單又有趣的方法來處理問題。

凡事動一動腦，便能很快找到出路，不要老用直線思考。約束、強制只會讓人不悅，有些時候還會產生反效果，與其強勢要求，何妨想個聰明的方法，不是更能讓事情輕鬆解決？

當別人有求於我們的時候，不要只想著與人爭論道理、是非，更不要惡言拒絕，冷靜幽默地想個好方法來面對，反而更能免除後患和不必要的麻煩。

有個男子在一家銀行的門口擺攤賣玉米，由於玉米非常新鮮好吃，不只累積了不少老顧客，更累積了一筆可觀的財富。

有個老朋友聽到這消息後，特地前來找他，一見面便對玉米伯說：「我想向你借一點錢做生意。」

玉米伯聽了，滿臉歉意地說：「對不起，這件事恐怕我不能答應。因為，當年我在這裡擺攤，便已經跟這間銀行訂下了合約，我們互相答應對方，絕不搞商業競爭。換句話說，這間銀行不能賣玉米，我也絕對不能有貸款業務的行為，你想想，我豈能不守信用呢？」

或許有人要問，銀行與玉米伯眞的簽約了嗎？

其實，有沒有簽約並不重要，但是，這個繞了一圈的解釋，倒也讓人清楚他的拒絕意思，也同時顧及了老朋友的情誼。

少了直接拒絕的難堪，又留了退路，讓對方知難而退，不只仍能維持了兩個人的情感，也能讓老朋友不再糾纏。

這個情況與校長的用意相同，試想若是強勢拒絕或制止，必然會引發不滿的情緒，也不免引起反彈，若再處理不當，反而更添不必要的麻煩。

想解決問題，要多用智慧想方法，還要多從別人的角度尋找出路。一如這兩則小故事的主角一般，看似守護自己的立場，其實也都透露出對學生與朋友的尊重，校長不直指女孩們的錯，玉米伯不否定朋友的貪婪怠惰，卻都能告知問題的要點，也讓他們明白「自重人重」的道理，不是嗎？

搞不清楚，就會越錯越離譜

搞不清楚就會越錯越離譜，錯誤的道路多踏一步，只會讓出糗、難堪的時候越來越多，能夠幽默回應的人畢竟不多！

農業專家對老農夫說：「這種耕種方法已經落伍了，就拿這棵蘋果樹來說，如果再以落伍的方法栽種，蘋果的產量肯定無法達到一千公斤。」

老農夫點了點頭，幽默地說：「年輕人，你說的沒錯，其實我的看法和你一樣，這棵梨樹的確無法生產一千公斤的蘋果。」

只懂紙上談兵的專家碰到了正牌的農業專家，不管理論多麼充足，也不管學業證書有幾張，都比不上一輩子與果樹生活的老農夫！

從小小的故事中，我們看到了老農夫的處世智慧，也隱約看見了人們的迷思。學問高不代表經驗足，學歷高不代表專業夠，能力高不代表態度好，很多時候所謂的學歷、學識或本事，反而成了一個人的最大負擔和發展阻礙。

這裡我們再舉一例，那是小楊爲了送別一個好朋友的故事。

朋友過世讓小楊十分傷心，於是訂做了一個花圈以示悼念，並請店家寫下這幾個字：「安息吧，再見！」

之後，他又覺得才寫這麼幾個字太簡單了，連忙撥電話給店家，請對方幫忙修改幾個字：「麻煩您，請在前面再加上『天堂』，如果擠得下的話。」

第二天朋友出殯，小楊前來送別，這時才看見自己的花圈。看了之後小楊差點昏倒，因為上頭寫著：「安息吧！天堂再見，如果擠得下的話。」

在笑談這個烏龍錯誤的時候，不免引人深思，看似簡單的幾個字倒也十足呈現出人們的態度。

如果話聽得不明白，就應該要再問一次，而不是隨便處理。即便一字不漏地聽了進去，代筆者也應該用專業的角度將問題找出來，然後加以解決。搞不清楚，就會越錯越離譜，錯誤的道路多踏一步，只會讓出糗、難堪的時候越來越多，能夠像老農夫一樣幽默回應的人畢竟不多！

這兩則小故事都告訴我們，培養專業不能只流於口頭說說，頭抬得越高，越看不見現實與真實，也會距離土地越來越遙遠。

如果連梨樹和蘋果樹都分不清楚，請別急著開口說大話，還是先學會低頭走入農田中，學習分辨果樹，並了解樹蟲和土地吧。

不管有沒有機會，都要幽默以對

別埋怨機會的優劣，只要盡全力表現，勤於變通思考，那麼看似平凡的機會，便有可能成為你跨入不凡機運的媒介。

導演問臨時演員：「等一下有一場與女主角的吻戲，你要不要演？」

臨時演員一聽，開心地說：「演，當然演！」

導演說：「很好，劇情是這樣的！等一下你會騎著機車在街上閒晃，然後女主角會朝著你走來，接著她將拋一個飛吻給你，你則愉快地回她一個飛吻，最後，你將因為這個分心動作而撞上貨車，當場車毀人亡！」

希望落空的臨時演員，心中想必感慨萬千，好不容易等到與主角互動的機會，也好不容易等到上鏡頭的機會，沒想到竟是這樣的角色。上台匆匆，下台也匆匆，在這匆忙間，我們也看見了理想與現實的距離。

不過，雖然理想與現實有些距離，倒也不必就此放棄夢想，而是要懂得用務實的態度去追求理想。

男子問專家：「我經常閱讀《汽車之家》，原本是想從中學點開車的技術，但不知道為什麼，每年都還是會發生車禍意外。您能不能幫我想個辦法？」

「這件事很容易啊！除了暫時不要開車之外，就是等待《非汽車之家》這類新雜誌出版後，再決定要不要開車上路吧！」專家回答說。

你認爲這個男子的問題出在哪裡呢？

我們總是習慣從別人的經驗或意見裡找答案，殊不知，每個人的情況有異，而且實際上可能遭遇到的問題和困難不同，不能囫圇吞棗地套用同一個道理，要懂得靈活變通才是。

無論如何，都要保持開朗、正確的工作與生活態度，從積極行動中發現機會。千萬別埋怨機會的優劣，只要盡全力表現，勤於變通思考，那麼看似平凡的機會，便有可能成爲你跨入不凡機運的媒介。

不管是臨時演員，還是不懂開車要訣的男子，都讓我們明白，生活理想與現實是有些距離的，不能只會空談理論。倘若不能從實際行動中學習或修改步伐，就只能在原地踏步，夢想也將因此停滯不前。

笑看臨時演員得面對的殘酷現實，如果他下定決心要在演藝工作中闖蕩，必然會幽自己一默，好好把握這個表現機會。

不管是否能與女主角擁吻，也不管是不是有機會在大螢幕上露臉，只管做好自己的工作，只管把表演的本事展現出來，說不定就在這個飛吻或倒地動作後，便有機會躍上主角之位！

多給孩子正面積極的生活態度

刻意傷人或損人的動作要少一些，一切問題應該多以正面的態度去面對解決，如此，才能讓人際關係少一點尷尬阻礙。

阿民剛出現在阿星家門口時，阿星的狗狗還很溫馴地對他搖尾巴，不過，當他和阿星一家人用餐時，那隻狗卻不知道怎麼了，眼神忽地變得十分兇猛，一直盯著看他，到最後竟對著他吼叫了起來。

這讓阿民有些坐立不安，忍不住對著阿星說：「你們家的狗怎麼了，為什麼忽然變得那麼兇？」

正當阿星要回答的時候，他的兒子搶著回答說：「小莉不一點也不兇啦，牠平常很乖的，要不是你拿了牠的碗，牠也不會這樣。」

阿民一聽，瞪大了眼看著阿星，只見阿星尷尬地說道：「這……呵，我不知道，可能拿錯了吧！」

仔細想想，眞會是拿錯了嗎？

我們常常覺得大人不如孩子的原因，便在於在情感表達上，大人們始終不像孩子們那樣誠實，也不像他們那樣眞情流露！

雖然我們都知道，寵物和人共餐的情況很平常，然而藉口「拿錯了」，卻更讓人覺得虛僞，用幽默的態度認錯，或是坦誠家裡多餘的碗筷就此一副，也許還能獲得體諒。

溝通雖然要有技巧，表達意見雖然也要多轉彎，可有些情況轉過了頭，反而更增添彼此的疙瘩和誤解，一如下面的情況。

小喬治生日這天收到一個小鼓，那是他學音樂的叔叔送給他的生日禮物。這讓小喬治非常開心，和小鼓幾乎天天在一塊兒，形影不離。

有一天，喬治回到家時，老婆對他說：「親愛的，我們鄰居好像很不希望小喬治再玩小鼓了，雖然他表現得很含蓄。」

「是嗎？他是怎麼表示的？」喬治問。

喬治的老婆拿出了一把小刀，然後糾著眉說：「你看，他今天下午送給小喬治這把小刀，還對他說：『小喬治啊，你知道這小鼓的肚子裡藏了什麼東西嗎？想不想看看，是什麼讓它發出那樣美妙的聲音呢？』」

喬治的老婆客氣地說鄰居表現含蓄，事實上眞是如此？以贈送「小刀」的情況來看，答案恐怕不是如此。鄰居未能正大光明地和喬治溝通，卻是利用心機，暗中搞小動作，將錯誤的念頭教給小喬治。如此的作爲不僅傷害極大，還會爲喬治增添教育上的麻煩！

不管是阿星還是喬治的鄰居，他們最大的問題便是將不良的情緒與解決問題的方法表現在孩子的面前，不只會讓孩子誤以爲「那是正確的」，還會讓他們衍生錯誤的生活觀念。

如果鼓聲太吵，何不直接和家長溝通，或許還能使他們教導孩子學會體諒與自制，不是嗎？

在孩子尚不能分辨行爲對錯時，偏激與圓謊一類的動作要儘量避免。

不管如何，刻意傷人或損人的動作要少一些，否則一旦被發現，也許可以用謊言帶過，守住自己的人際關係，但在不經意間，孩子們恐怕早就從中吸收了錯誤的觀念，使得他們感到矛盾困惑，甚至價値觀出現誤差偏頗。

若是朋友介意使用狗碗，那就自己手捧狗碗吧；如果實在受不了小鼓聲，那就積極溝通約束孩子玩樂的時間吧。

一切問題應該多以正面的態度去面對解決，如此，才能讓人際關係少一點尷尬阻礙，還能在教育孩子時，把正確、正向的生活觀念傳遞給他們。

多與孩子溝通，尋求彼此認同

孩子們的生命態度與處世態度必須自小培養，既然想肯定孩子，就把孩子當大人看待，多花點耐心解釋、溝通。

小明的數學成績原本非常差，可是，自從父親把他轉到一所基督教學校就讀後，他的數學天分似乎被激發出來，成績突飛猛進。

小明的爸爸見狀雖然開心，但心中不免感到好奇，有天便找機會問小明：「你們老師是怎麼教的？」

小明說：「老師怎麼教啊？我也不大清楚，我最記得的是，第一天到學校的時候，我看見有個人被釘在數學的加號（＋）上，我猜想，要是數學不好的話可能會被釘在上面，所以……」

因爲害怕被處罰，所以小明逼自己要認眞學習，這樣的好成績可說是在適度的壓力下督促出來的。只是，像這樣的「壓力」和「處罰」，不免又要被倡導愛的教育的人士責難。

孩子的教育很難提出一個準確、完善的方式，有些人確實需要一點壓力才能激發潛能，有些人則需要嚴謹的賞罰加以督促或鼓勵，唯有拿捏「適度」，因才施教，才能得到最好的教育成果。

當然，所謂的「適度」，不是那麼容易拿捏，特別是當大人們把孩子視爲「只是個孩子」的時候，便很容易將態度傳錯，適度最後往往變成了過度，好像下面這個例子。

孩子苦著臉問父親：「爸爸，我是不是很笨？」

孩子的爸安撫他：「孩子，你一點都不笨啊！」

父親的安慰似乎無效，孩子仍然否定自己：「但是，為什麼每個人都說我很笨呢？為什麼？」

父親聽了，連忙說：「那是因為他們不了解你啊！」

「可是，我真的覺得我很笨啊！」孩子哽咽著說。

見孩子的腦筋始終轉不過來，父親有些不耐煩地說：「拜託，你一點都不笨好不好！笨蛋！」

對大人而言，這或許是一個很簡單的問句，可是對孩子來說，卻是個需要絞盡腦汁思考的問題。

面對一個又一個的「為什麼」，一個又一個極待「解答」的問句，大人若是少了點耐心，很容易受到情緒影響，最終便以不耐煩的態度回應，孩子最後不只得不到答案，反而更加肯定自己是「笨蛋」，一如這個故事的情況。

孩子們的生命態度與處世態度必須自小培養，若是得不到良好或正確的學習態度，長大後那些根深柢固的觀念、心態便很難修改，即使有決心改變，也將花費比別人更多的時間。

所以，把孩子當大人看待，多與孩子溝通，尋求彼此的認同吧！想想我們爲了因應社會人事，可以那樣費心了解一個人，爲何卻不肯在孩子們的身上多用點心力和耐心呢？

既然想肯定孩子，就多花點耐心解釋、溝通，如果孩子犯錯，就給予適當的處罰，只要不是情緒化的宣洩，讓孩子明白處罰的原因，他們自然會從中學會教訓，並學會律己和自重的。

把問題簡化，難題自能輕鬆解答

當面臨問題，我們隨時要提醒自己的，不是「預想可能的結果」，或是「猜想可能的困難」，而是要問：「你到底想不想把問題解決？」

失意與挫折是每個人都沒有辦法逃避的人生考驗，如何用積極樂觀的心態面對，無疑相當重要。

當現實環境與自己的預期出現落差，不妨提醒自己多多發揮幽默感，如此一來，許多苦惱都會雲淡風輕。

有四位紳士準備開始賭博，遊戲前，有人對其中一名賭友說：「你到門外看看有沒有警察。」

這賭友答應後，連忙跑了出去，但大家等了快半個小時才見他進門。

「拜託，你是跑到哪兒去了？」友人氣呼呼地質問他。

只見他氣喘吁吁地說：「你們不是叫我看看沒有警察站在門外？我就是沒看見啊！所以，特地跑到警察局那兒叫一個來！」

「……」

朋友們聽了差點暈倒，一個個瞪大了眼看著朋友，旋即手忙腳亂地整理桌上的物品。

那個賭友眞是笨得可愛，像這樣少根筋的人，若是將大事交給他處理，恐怕會被他弄得一場糊塗吧！

不能依情況變通的人，不太懂得活用大腦的人，好事也會被他搞成了壞事，甚至連簡單的問題也會被複雜化，就好像下面這則故事中的阿肯。

「阿肯，如果你在沙漠中遇見獅子，那頭獅子拼命地追你，想把你一口吃掉，這時你該怎麼辦？」朋友問。

「啊，那很簡單啊！我會拿步槍掃射牠，直到牠中彈死去。」阿肯說。

「要是你沒有步槍呢？」朋友又問。

「那我就把手槍拿出來啊！」阿肯說。

「是嗎？要是連手槍也沒有呢？」朋友問。

阿肯說：「我總還會短刀吧？我會用短刀和牠拼了。」

「那要是你連短刀也沒有呢？」朋友不放棄地問。

「那更簡單了，我只要把皮襖脫下來塞進牠嘴裡就行了。」阿肯說。

「皮襖？阿肯，你有沒有搞錯，在那樣酷熱的沙漠裡，你怎麼可能穿皮襖啊？」

朋友不解地問。

「親愛的，我真搞不懂，你到底是站在我這邊，還是站在殘暴的野獸那一邊呢？

請問你到底希望誰贏啊？」阿肯不悅地說。

生活中，我們不也經常遇到像阿肯朋友一樣的人？

這一類人的特徵是習慣用複雜的思考去解答簡單的問題，所以把原本簡單幾個動作便能解決的事糾成死結。

面臨問題時，應該做的不是浪費時間「猜想」，不管事情怎麼演變或有多麼麻煩，我們隨時要提醒自己的，不是「預想可能的結果」，或是「猜想可能的困難」，而是要問：「你到底想不想把問題解決？」

想解決問題，當然會努力想辦法，一次過不了關，就積極再想下一個方法，其他多餘的煩惱、擔心都不去多想，因為連想法子都來不及了，怎麼還有餘力想到未來的問題？

莎士比亞曾經說過：「人若是神經緊張，凡事都要擔憂，就會猶豫不定，反而把事情耽誤了。」

所以，現在什麼都別再多想了，只要放鬆心情告訴自己：「我一定能解決！」

溝通智典

54

用幽默感表達你的觀感 全集

作　　者　塞德娜
社　　長　陳維都
藝術總監　黃聖文
編輯總監　王郡凌
出 版 者　普天出版家族有限公司
新北市汐止區忠二街 6 巷 15 號
TEL / (02) 26435033（代表號）
FAX / (02) 26486465
E-mail：asia.books@msa.hinet.net
http://www.popu.com.tw/
郵政劃撥 19091443 陳維都帳戶
總 經 銷　旭昇圖書有限公司
新北市中和區中山路二段 352 號 2F
TEL / (02) 22451480（代表號）
FAX / (02) 22451479
E-mail：s1686688@ms31.hinet.net
法律顧問　西華律師事務所・黃憲男律師
電腦排版　巨新電腦排版有限公司
印製裝訂　久裕印刷事業有限公司
出 版 日　2024 年 8 月第 2 版第 1 刷
ISBN◉978-986-389-940-2　　條碼 9789863899402

國家圖書館出版品預行編目資料

用幽默感表達你的觀感 全集 /
塞德娜著.—第 2 版.—：新北市,普天出版
2024.8 面； 公分. -（溝通智典；54）
ISBN◉978-986-389-940-2（平裝）

普天之下・盡是好書
普天出版家族
Popular Press Family
凌雲文創
A Plus Creative Company